中等职业教育精品教材

U0461958

美育

主　编　朱旦标　李忠跃　范晓春　陈海锋

副主编　吕兴昌　王洪良　周兰兰　何家辉
　　　　李　平　范秀慧　刘　伟　李秀芳

中国人民大学出版社
·北京·

前　言

党的二十大报告指出，教育、科技、人才是全面建设社会主义现代化国家的基础性、战略性支撑。教育是国之大计、党之大计。职业教育是我国教育体系的重要组成部分，肩负着"为党育人、为国育才"的神圣使命。本教材以习近平新时代中国特色社会主义思想为指导，深入贯彻落实党的二十大精神，将思想道德建设与专业素质培养融为一体，着力培养爱党爱国、敬业奉献，具有工匠精神的高素质技能人才。

美是纯洁道德、丰富精神的重要源泉。中华民族自古以来重视美育对人和社会发展的重要意义，美育是党的教育方针的重要组成部分，学校美育工作是立德树人、培根铸魂的事业。2020年10月，中共中央办公厅、国务院办公厅印发的《关于全面加强和改进新时代学校美育工作的意见》指出，"以立德树人为根本，以社会主义核心价值观为引领，以提高学生审美和人文素养为目标，弘扬中华美育精神，以美育人、以美化人、以美培元，把美育纳入各级各类学校人才培养全过程，贯穿学校教育各学段，培养德智体美劳全面发展的社会主义建设者和接班人"。

为进一步强化新时代职业院校美育育人功能，引导学生树立正确的审美观、文化观，培养具有审美修养的高素质技能人才，我们组织有关专家和教师编写了本教材，旨在全面加强和改进新时代学校美育工作，切实提高学生的审美和人文素养。全书共7章，内容包括美与美育、美育之自然美、美育之生活美、美育之文字美、美育之文学美、美育之艺术美和美育之科技美，基本涵盖了美的主要范畴与形式。

本教材遵循"贴近实际、贴近生活、贴近学生"的编写原则，力求体现如下特色：

1. 坚持弘扬社会主义核心价值观，强化中华优秀传统文化、革命文化、社会主义先进文化教育，引领学生树立正确的历史观、民族观、国家观、文化观，陶冶高尚情操，塑造美好心灵，完善人格修养，增强文化自信。

2. 阐述美的起源和发展，探究美的本质和特征，剖析美的类型和形态，帮助学生增长美的基础知识，丰富审美体验，开阔人文视野。

3. 秉持融合理念，坚持五育并举，渗透劳动教育，培养学生的工匠精神、科学精神，增强学生的文化创新和技术创新意识。

4. 配备大量精美的图片，与正文内容相互衬托，相得益彰；本教材的版式设计也极富艺术气息，令人赏心悦目，使学习的过程成为审美熏陶的过程。

本教材在编写过程中参阅并引用了大量的文献和图片资料，在此特致诚挚谢意。由于编写时间紧迫，编者水平有限，书中还存在一些问题和不足，恳请各位同行和读者批评指正！我们将在今后的使用过程中不断修订、不断完善，使教材更好地为广大师生服务。

编者

目　录

第一章

美与美育

景美悦目，声美悦耳，味美悦口，情美悦心……世间万物，只要具备了美的属性，就能使人触之而产生积极的情感反应，从而为人所喜爱。例如，人们普遍喜爱鲜花，是因为鲜花悦人眼，能够直接引起人的情感反应，使人身心愉快。

学习目标

1. 了解美的本质、美的起源和发展。
2. 掌握美的特征、美的表现形式及美的分类。
3. 熟悉美育的性质和任务，掌握美育的育人功能和学习方法。
4. 提高学生认识美、理解美、欣赏美的能力，成为德智体美劳全面发展的人才。
5. 能理解和认同中国传统的艺术美，厚植民族情感，提升文化自信。

第一节　什么是美

美的导航

　　著名美学家朱光潜在《谈美》中告诉我们，凡是美都要经过心灵的创造。生活原本就是充满诗意的，诗意的生活可以带给我们纯真的品质、坚定的信念和精神的享受，更会让我们拥有一双发现美的眼睛、一颗感受美的心灵和一种创造美的智慧。生活中到处都有美的存在，让诗意的心灵带领我们走进"美"的殿堂，在美的熏陶中创造更加绚烂的人生吧！

美的探索

一、美的本质

　　美是指能够使人产生积极的情感体验，继而促使人的精神发生积极变化的事物属性。积极的情感体验具体表现为情感愉悦、身心轻松和感觉舒适等；积极的精神变化具体是指人在获得审美体验之后，或是产生了对审美对象的喜爱之情，或是产生了对美好生活的憧憬，或是精神得到了振奋，或是心中有了一种信念等。

　　为什么说美是事物的属性呢？因为美是依赖于事物而存在的，当事物不存在时，其能够表现出来的个性美也就随之消失。当然，如果事物在人的记忆中留下了深刻的印象，其个性美也相应会留下一些记忆，能够使人在回忆中体验到一定的美感。

　　例如，当人们看到竹奋发向上、梅傲寒斗雪（见图1-1、图1-2）的情景时，首先产生一种直觉上的美感，继而会由物及人，联想到人自强不息和顽强拼搏的精神等。当眼前的情景消失后，不仅人们的直觉美感随之消失，而且联想活动也很快终止，经验性知觉美感也随之消失。

图 1-1　竹奋发向上

图 1-2　梅傲寒斗雪

积极性是区分美与丑的根本标准。如果一件事物或一种行为在被人们认知之后，能使人的情感和精神发生积极变化，那么，它就是美的；反之，如果使人的情感或精神发生消极变化，它就是丑的。

在认识了美的本质之后，要弄清楚一个问题：美与艺术的关系。艺术是对美进行反映的一类文化样式，也是一种美的载体，但艺术美仅仅只是美的一小部分。美只是艺术反映的对象，不仅不等于艺术，也不一定都适合于艺术。例如，自然美是艺术反映的美的基础，但只有经过主观的再创造才能构成艺术，没有经过加工和改造的简单复制不能算作艺术。如图 1-3 所示，这幅图虽然很逼真地反映了果之美、叶之美和枝叶与果的相衬之美，但其中缺乏主观创造，所以它只是一张照片，不是艺术。

图 1-3　成熟的苹果

二、美的起源和发展

美是一种社会现象，它产生于人类改造和利用自然的社会实践活动中。人类的审美能力不是天生的，而是在后天的实践中逐渐形成和发展起来的。

（一）从工具到礼器

人类最初的审美意识，是在创造和使用生产工具的过程中产生的；人类最早的审美体验，也产生于生产工具创造和使用的经验之中。自然界中的石块（见图1-4）多是不规则的。当人们在生产劳动中打制石器工具，制作石刀、石斧的时候，为了使用方便，就把工具打磨得光滑、规整一些。在"工具应具有规律性形状"的感知中，已经孕育着人类审美意识的萌芽。

图1-4　自然界中的石块

大三棱尖状器（见图1-5）是旧石器时代山西襄汾丁村人所使用的石器。它在造型上从实用出发，注意对称、均衡，在外形上和自然形态的石块已经有了较显著的区别，体现了人类智慧的发展和审美意识的萌芽。

图1-5　大三棱尖状器

石斧（见图1-6）是新石器时代裴李岗的先民们使用的石器。石斧通体磨制，两侧边沿较直平，宽端刃部呈弧形，较锋利，窄端刃部呈舌形，较圆钝。这种两侧均匀、双面磨刃的造型，不仅便于使用，而且呈现出一种美感。

玉钺（见图1-7）是新石器时代良渚文化军权的象征，将其装上木柄，相当于权杖。其器身呈风字形，器表光滑精致、光洁闪亮。两面的刃部上角均以浅浮雕加阴文细刻琢成神人兽面图像，下角均有神鸟纹饰。它是良渚人在征伐活动中使用的礼器。

图 1-6 石斧

图 1-7 玉钺

知识链接

"美"字的本义

关于"美"字的本义，一般有两种解释。一种说法是美"从羊从大"，认为"羊大则美"。羊作为美的对象，与社会生活中畜牧业的出现是分不开的。羊作为驯养的动物，是当时人们生活资料的重要来源之一。羊不仅可作食物，而且性格温顺，惹人喜爱，特别是羊的身上有些特征，如角的对称、毛的卷曲等，都富有一定美感。另一种说法认为"羊人为美"。"美"字表现的是一个正立的人的形象，他头插羽毛或戴着其他饰品。这说明"美"字的本义与人、与装饰性效果有一定关系。

(二) 有意味的形式

人类社会进入新石器时代以后，石器的造型更加规整，而且还有了方圆的变化。同时，产生了许多彩陶器具，这些器具的造型十分优美，色彩鲜艳，花纹丰富，装饰图案和器具的形状结合得非常和谐，装饰部位的选择和人的视角关系的处理恰到好处。特别是各种几何图纹的出现，成为陶器纹饰成熟的标志。这些都说明，人们已不仅注意器具的实用价值，而且还注意了它们的审美价值，把实用价值和审美价值紧密地结合在一起。

1. 直接反映自然形象的图形

这类图形主要包括鱼纹、鸟兽纹、花果纹等。它们大都和当时人们的经济生活有着密切联系，是人们在劳动中经常接触和喜爱的对象。彩陶鲵鱼纹瓶（见图 1-8）是仰韶文化彩陶代表作品，其腹部一面饰有形象化的鲵（即娃娃鱼）纹图案。该图案构图呈三角形，稚拙生动，令人称许。

图 1-8　彩陶鲵鱼纹瓶

2. 抽象的图形

这些图形大都是人们从自然和生活形象中提炼、概括出来的。例如，附有黑三角的长菱形就表示一条鱼。人面鱼纹彩陶盆（见图 1-9）是仰韶文化半坡彩陶代表作品。这类碗上有些几何图形就是从鱼形图案演化而来的。

3. 几何印纹

人们在制陶之前已学会了编织，后来便把编织物的纹样拍印到陶器上。这些纹样开始比较粗糙，后来逐渐规整化、图案化。常见的几何印纹有水浪纹、米字纹、回纹、云雷纹等。这些几何纹连续反复，形成一种规则的图案美。西周几何印纹陶器（见图 1-10）上腰有对称条纹横条，器腹有云雷纹和回纹相间的纹饰。

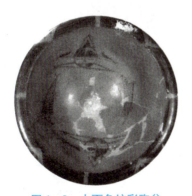

图 1-9　人面鱼纹彩陶盆

图 1-10　西周几何印纹陶器

（三）美逐步走进人类的精神生活

随着人类社会实践的不断发展，人类的审美意识日益增强，追求美、表现美逐

7

渐成为人类精神生活的重要内容，原始艺术因之产生。原始艺术根植于原始人的社会实践，是原始人的社会生活和意识活动的反映。原始乐舞、原始绘画是原始艺术的两种主要类型。

1. 原始乐舞

原始乐舞主要表现狩猎、战争、庆功等场面，它能让原始人再度体验劳动胜利的喜悦。我国青海大通县上孙家寨出土的舞蹈纹彩陶盆（见图 1-11），是新石器时代原始歌舞的生动写照。其内壁饰有 3 组舞蹈图。每组均为 5 人，舞者手拉着手，步调一致，踩着节拍，翩翩起舞。古代文献中也保存了不少有关原始乐舞的史料，如《尚书》中的"击石拊石，百兽率舞"，就描写了原始人戴着兽类的面具，模仿兽类的动作，随着敲击石器的声音跳舞的情景。

图 1-11　舞蹈纹彩陶盆

2. 原始绘画

原始绘画也多是记载和描绘劳动对象、劳动工具和劳动场面的。如内蒙古自治区的阴山岩画（见图 1-12），刻画了狩猎、舞蹈、部落战争及天文图像等，反映了古代狩猎民族的社会生活。又如江苏省连云港将军崖南口，有一块弧形巨石，上面刻有 10 幅人像与植物相连的岩画（见图 1-13），表达了新石器时代中晚期人们在生活、生产等方面的美好愿望。

图 1-12　阴山岩画

图 1-13　连云港将军崖岩画

需要指出的是，原始人的审美意识除了反映他们的生产劳动之外，也包含了某种原始图腾崇拜和巫术礼仪观念。这些都是人类早期审美意识的特点。

综上所述，美产生于人类的各种社会实践活动中。人类在社会实践中创造了美，在创造美的过程中又逐步提高和发展审美意识和审美需要。人类在这种审美能力的基础上，又创造出更新、更美的事物。如此循环，人类社会的美不断由低级向高级发展，美的领域也日益扩大。

三、美的特征

美的特征包括形象性、感染性、认同性、时空性和创造性。

（一）形象性

美的事物是可感知的，无论是自然美、生活美还是艺术美，都有一种感性的具体形态，即可以通过声、光、色、线、形等物质形式表现出来。因此，美具有形象性。例如，桂林山水的美是通过青山、秀水相掩映的优美形态呈现出来的，如图1-14所示。这些自然元素构成的感性形象也是人们认为桂林山水美的原因。

图1-14　桂林山水

（二）感染性

美的感染性是指美能够以情感人，并使人们得到精神上的愉悦和升华。色美以感目，音美以感耳，意美以感心。无论是登上泰山观赏壮丽奇观，还是倾听贝多芬的《第九交响曲》，都会使人陶醉。这是因为无论是自然形象还是音乐形象，它们的美都具有巨大的感染力。美的事物无处不在，人们随时随地可以受到美的影响，从而唤起热情，激发理想和信念。

（三）认同性

虽然不同社会形态、不同文化背景下的人们对美的具体评价标准有所不同，但美具有普遍的社会文化认同性。例如，崇尚自然是中国人自古以来普遍的审美趣味，因此在园林艺术上，人们不断追求自然美与人工美的高度统一，偏好山水与建筑融为一体的园林风格，如图 1－15 所示。又如，在日常生活中，大方得体、不刻意修饰的外表是人们认可的天然美，而浓妆艳抹、穿着怪异是人们普遍不能认同的。

图 1－15　苏州园林

（四）时空性

任何美的事物都存在于一定的时空中，所以美具有时空性。美的时空性体现在时间和空间两个方面。例如，百花争艳的景象出现在春天，硕果累累的景象出现在秋天；想要感受茫茫的草原最好去北方（见图 1－16），想要体会烟雨蒙蒙最好去江南。另外，美有时也只出现在特定的时空中。例如，歌声是优美的，但在图书馆等需要安静的地方唱歌，歌声就不再是美的，而是变成了噪声。

图 1－16　鄂尔多斯草原

（五）创造性

随着社会的进步，人们对美的追求不断提高，美在人们生活中不断被创新、优化和完善。美的创造性是人们不断实践的结果，人们会按照自己的意愿和美的规律重新创造自然美、生活美和艺术美。例如，自然美是被人们发现的，这种发现本身就包含着创造，而普通的山水风景经过人们的艺术加工成为风景名胜区，这更是对自然美的再创造；生活中的物品、服饰是人们在劳动中创造的美，这些美同时也在历史发展中千变万化、推陈出新；而艺术美的创造性更加明显，艺术作品都要在内容和形式上不断突破，才能带给人们美的享受。

第二节　美的表现及分类

 美的导航

南朝文学评论家钟嵘在《诗品》里说："谢诗如芙蓉出水，颜如错彩镂金。"意思是，谢灵运的诗如刚出水的荷花般清丽，颜延之的诗雕绘修饰，辞藻绚烂。我国传统美学常用"初发芙蓉"与"错彩镂金"两个词语形象地概括素朴与华丽两种不同类型的美。

初发芙蓉与错彩镂金，哪个更有趣味？

美的事物按人的审美感受来分，有着各种类型，有灵动优雅的艺术之美，有智慧和劳动成就的文明之美，有诗情画意的自然之美……它以数量浩繁的美向人们展示了漫长的社会历史图景，给人以美的感受，让人为之震撼。

美的探索

一、美的表现形式

生活中，美无处不在，无时不在，但是人们感受美的方式和途径是不同的，人们可以看到美、听到美、触摸到美、品尝到美，以及体会到美。美是事物的属性，不同的事物也有着不同的美的表现形式。总体来看，美的表现形式主要有以

下几种。

（一）视觉形象

视觉形象是事物存在的一种基本形态，也是美的主要表现形式之一。可视性、直观性是视觉形象最显著的特点。无论是自然美、生活美，还是艺术美、科技美，都以其直观的视觉形象来表现美。例如，击鼓说唱俑（见图1-17）通过生动传神的面部表情和憨态可掬的动作造型，为人们展现了东汉时期的民间气息和地方风情。

图1-17　击鼓说唱俑

（二）真实情境

真实情境是自然美和生活美的一种表现形式，是现实生活中真实存在的场景。例如，自然美中的远处的山、和煦的晨光（见图1-18）、清澈的溪水让人感到豁然开朗、轻松愉快；生活美中的热闹场景、欢乐氛围让人感到幸福、快乐。

图1-18　和煦的晨光

（三）文化意象

文化意象是人的一种情感符号，是人们思想美和精神美的主要表现形式。人们以客观事物为依托，通过想象和联想，赋予客观事物一定的思想和精神内涵，从而使其成为一个个文化意象来表达自身的情感。例如，"圆"是中国文化中的一个重要精神符号，它寄托着古人对圆满、团圆的美好期望。在设计中，经常会看到一些中式圆的运用，使作品展现出含蓄、古典的中式风情，如图 1-19 所示。

图 1-19　传统圆拱门

（四）感官知觉

感官知觉是人们通过品尝、触摸、聆听等亲身体验获得的，它是香甜之美、舒适之美、快意之美的主要表现形式。例如，品尝水果感受到甜美，春风拂面感受到凉爽，触摸棉被感受到柔软和温暖等。

（五）心理感受

心理感受是情感美的表现形式。心理感受既可以在日常生活中体会到，也可以在文学和艺术作品中感受到。例如，当朋友在我们遇到困难的时候伸出援助之手，我们会被这种雪中送炭的友情感动；阅读朱自清的散文《背影》时，我们会被字里行间浓浓的父爱感动。这些情感美都是以心理感受的形式存在的。

二、美的分类

按照美依附的客观事物的性质，可以将其分为自然美、生活美、艺术美、文字美、辞章美和科技美六大类。

（一）自然美

自然美就是自然界中自然生成的事物的美，它是客观事物本身具有的自然属性，是脱离人而独立存在的。自然美是一切美的基础，其他各种美都是参照自然美进行创造的。大千世界中，自然美的事物形式多样，千姿百态。日月星辰、山川草木、花鸟虫鱼、江河湖泊、云霞雷电等事物的美，春天的花（见图1-20）、夏天的海、秋天的麦浪（见图1-21）、冬天的雪等景色的美，都属于自然美的范畴。

图1-20　大自然中的鸟语花香

图1-21　秋天的麦浪

（二）生活美

生活美是指人们为了满足生活需要，通过劳动创造的一切物质所表现出来的美。生活美渗透在人们衣食住行的各个方面，并呈现出多姿多彩的特点。现代社会中，人们的生活质量不断提高，对美的追求也日益鲜明。例如，人们在服饰上追求精致考究的面料和新颖的款式，在居住空间上追求个性化的装饰，在饮食上追求绿色、健康、营养的食物搭配等（见图1-22）。

图 1 - 22　精致营养的早餐

（三）艺术美

艺术美是艺术家以自然和生活为基础，通过对自然美和生活美的提炼和加工，呈现于艺术作品中的美。艺术美是艺术家综合个人观点和时代精神对自然和生活的感悟，因此比自然美更具有思想和情感引导力，比生活美更加集中和典型，更能鼓舞人的精神。音乐美、舞蹈美、绘画美、雕塑美、建筑美、戏剧美、影视美等都是艺术美的表现形式。

（四）文字美

文字是记录人的语言和思想感情的符号系统。文字之美主要表现在两个方面：一是文字形体的图画美，如汉字的对称结构美，将笔画合理组合，中规方正，巧妙运用，可以描述万物之形，表达多种感情；还有汉字的书法美，行书、草书、楷书……一笔一画间，变化无常，让人无限感慨。二是文字表意的内涵美。古人创造的汉字，每一个笔画或是部件就是一个意象，整个汉字就是这些意象组成的意境。

（五）辞章美

辞章美主要指文学作品中的美，不仅包括文学作品中的思想美、形象美和意境美等，还包括语言本身的韵律美、词义美、修辞美和语法美等。优美的文学作品，能让人们的心灵获得宁静、找到归宿。

（六）科技美

科技美是指在自然科学（如数学、物理、化学、生物学等）中广泛存在的科技产品及技术所呈现出来的美。人们在理解了科学真理之后，会感到心满意足、精神愉悦，还会产生成就感和自豪感。因此，科技美要求人们对科学知识有一定的理解能力。

第三节　中职生美育

美的导航

美，不仅包括外在形式上的美，还包括内在的心灵美。心灵美不是可以随意表现出来的，真正的心灵美源于一颗善良、有爱的心。当你敞开心扉去感受心灵之美时，便会发现生活的美好。例如，老师的教导如一盏明亮的灯，为我们照亮前面的道路，如图1-23所示。

图1-23　教师授课背影

美育是引导学生去感受美、欣赏美，进而去创造美的审美教育活动。它借助各种艺术形式、大自然及社会生活等事物之美对人产生积极的影响，从而实现人格的塑造。

美的探索

一、美育简史

美育，又称审美教育。人类很早就看到了审美与教育的关系。早在先秦时期，孔子就认识到诗、乐对心灵的感化作用，大力提倡"诗教"和"乐教"。荀子认为音乐可以深入人心，能把人的情感欲望导向礼义，从而达到道德教育的目的。古希腊思想家柏拉图十分推崇音乐和史诗的教育作用，他认为，艺术教育是培养优秀的城邦保卫者不可缺少的手段。亚里士多德进一步总结了审美教育的三种功能，即"教育""净化""精神享受"。

文艺复兴时期，在欧洲产生了"人的全面发展"的思想，审美教育得到了更高程度的重视。18世纪，德国文学家席勒写出《美育书简》一书，首次提出了"美育"的概念，并相当全面地论述了美育的性质、任务及社会意义。席勒之后的许多美学家如黑格尔、车尔尼雪夫斯基等，在创立美学理论体系的同时，也阐述了许多美育思想，促进了美育的发展。

在中国，著名学者王国维首先从教育学角度论述美育。他将美育与德育、智育、体育相提并论，明确提出美育是培养"完全之人物"所不可缺少的一项重要内容。蔡元培是我国现代美育事业的先驱和奠基人。他准确地把握了美育陶冶感情、塑造人格的性质，系统地论述了美育的功能、地位以及实施美育的途径和手段，并提出"以美育代宗教"以提高国民素质的思想主张。此后，美育在中国得到进一步重视。

在新中国成立之前，文化界提倡美育、宣传美育比较著名的有王统照、丰子恺、朱光潜等人。王统照认为，美育是"改造人间的福音，铲除万恶的利器"，是"使人生达到完美完善之地"的一种教育。丰子恺大力宣传艺术的审美教育作用，并以艺术家的丰富感情和热情积极开展审美教育。朱光潜是著名的美学家，也是一位倡导美育的热心者。他把艺术看作美育的重要手段，认为艺术能帮助我们认识人生，培养高尚的道德精神。

新中国成立之后，美育进一步得到重视。1952年颁布的《幼儿园暂行规程（草案)》《小学暂行规程（草案)》《中学暂行规程（草案)》，都规定了要对学生进行德、智、体、美诸方面全面发展的教育。1986年，国务院《关于第七个五年计划的报告》重申，美育是党的教育方针的一个重要组成部分，这对推进美育具有重大意义。广大美学工作者、教育工作者，满腔热忱地开展美育的学术研讨和进行广泛的美育实践，我国美育事业有了较快的发展，取得了明显的进步。

中国特色社会主义进入新时代以来，党和政府更加重视美育工作。2018年9月10日，习近平总书记在全国教育大会上的讲话中强调，要全面加强和改进学校美育，坚持以美育人、以文化人，提高学生审美和人文素养。2020年10月，中共中央办公厅、国务院办公厅印发《关于全面加强和改进新时代学校美育工作的意见》，要求把美育纳入各级各类学校人才培养全过程，贯穿学校教育各学段，培养德智体美劳全面发展的社会主义建设者和接班人。

二、美育的性质和任务

美育作为教育的一个重要组成部分，与德育、智育、体育、劳动教育等共同承担着塑造完善的人的教育目标：德育侧重于政治思想、道德品质教育；智育侧重于知识技能的传授和智力开发；体育侧重于增强身体素质；劳动教育侧重于劳动态度、劳动习惯的养成；美育则是诉诸情感的教育，侧重于陶冶情操，温润心灵，塑造灵魂。蔡元培认为："美育者，应用美学之理论于教育，以陶养感情为目的者也。"具体地说，美育是以一定的美学理论指导人们的审美实践活动，培养人们健康的审美观念、审美理想，陶冶人们的思想情操，提高人们感受美、鉴赏美和创造美的能力的一种教育活动。

美育的中心任务是提高人们的审美素养。具体地说，包括以下三个方面。

（一）培养正确的审美观

审美观是人们对美丑的基本观点，是世界观的一个组成部分。马克思主义的审美观是最先进的审美观，是人民群众改造客观世界和主观世界的有力的精神武器。美育的首要任务，就是要通过审美实践，陶冶人们的思想情操，提升人们的精神境界，引导人们树立正确、健康的审美观，使之真正成为生活中的一种指导思想。

（二）培养审美的敏感

所谓审美的敏感，是一种善于在生活、自然、艺术、科技中发现美、感受美、鉴赏美的能力，主要包括审美感受力、审美想象力和审美鉴赏力。审美感受力是指人们的感官对审美对象感知、领会的能力。它是审美活动的出发点，也是其他审美能力产生和发展的基础。审美想象力是指人们在审美感知的基础上，对原有审美表象进行再现、组合和改造的能力。它是一切艺术创作和审美活动的必要条件。审美鉴赏是更高层次的审美活动过程，理性因素相对突出。审美鉴赏力是指对审美对象的鉴别与评价的能力，包括识别审美对象美与不美的能力，评价审美对象的审美价值高低的能力，领悟与鉴别审美对象的类型、形态的能力。美育就是要引导人们提高文化素养和艺术素养，在审美经验的积累中，获得这些审美能力，形成审美的敏感。

（三）培养创造美的能力

创造美的能力是人们按照美的规律创造美的事物和美化社会、美化自身的能力。培养创造美的能力是审美教育的目的之一。要提高人们创造美的能力，就必须在审美实践中通过各种途径引导人们树立崇高的审美理想，提高创造美的心理素质，锻炼驾驭形式美的能力，在美的创造中发挥个性特点。

三、美育的育人功能

美育不仅可以培养人们的审美素养，它在发展人、完善人的教育活动中还有着特殊的功能，主要表现如下。

（一）美能育德

美育是立德树人的重要载体。首先，美育具有道德感化的功能。美育本身包含着是非观、荣辱感、羞耻心等德育因素，它对于陶冶情操、净化心灵、培养高尚的品德、树立正确的世界观和人生观，有着特殊的功效。一代青年楷模张海迪在谈到自己的成长过程时说，是《钢铁是怎样炼成的》使她懂得了应该怎样生活，怎样做人，怎样在艰难的情况下自强不息。其次，美育主要是靠美的形象打动人，如果把思想政治、道德品质教育寓于美育之中，以美引善，能使人在不知不觉中受到熏陶和感染，容易达到"随风潜入夜，润物细无声"的效果。例如，游历名胜古迹，能让我们饱览祖国的锦绣风光，了解中华民族悠久的历史文化，自然能够激发我们的民族自豪感以及对于祖国的热爱之情；诵读杜甫的"三吏""三别"，诗人感时伤世、忧国忧民的深沉情感能引发我们强烈的心灵共鸣；沉浸于贝多芬的《第五交响曲》或柴可夫斯基《第六交响曲（悲怆）》之中，那撼人心魄的旋律能荡涤心胸，让我们摒弃私欲，感受到崇高。可见，充分发挥美育的感化功能，寓思想道德教育于美育之中，可以提高德育的效果。

（二）美能启智

美育可以促进人的智力发展，主要表现如下：首先，美育在培养人的审美能力的过程中，能培养人们的观察能力、思维能力和创造能力。观察是智力提升的重要推力，在生活中观察美，掌握观察的方法，有助于提高我们的观察能力。思维能力是智力中活跃的因素，它包括抽象思维能力和形象想象能力，两者在内容与形式上虽有所不同，却是相互联系、相互促进的。想象能力的一个重要方面就是从原有的形象创造出新的形象的能力，可以说是一种创造能力。培养这种想象的创造能力对于提高人的整体创造能力起着重要的作用。其次，人们通过对自然界、社会生活及艺术领域里的美的欣赏，可以在愉悦精神的同时，了解历史、了解自然、了解社会，获得各种自然科学和社会科学的知识。最后，审美活动可以调节人的大脑机能，提高学习和工作的效率。现代科学研究表明，人的大脑中的两个半球，具有不同的功能，左半球是"数字脑"，管理人的语言、数字、逻辑等；右半球是"模拟脑"，管理图像、音乐及其他非语言信息。如果在紧张的科学思维之后，有一个轻松的文化娱乐活动，就能转换兴奋中心，使大脑左半球得到休息，大脑机能得到有效的调节，从而提高学习和工作效率。

（三）美能益心健体

美育能促进人的身心健康发展。首先，美育是一种情感教育，能使人在精神上得到愉悦和熏陶。我们欣赏优美的音乐，阅读感人的小说，游览祖国大好河山，都能够陶冶性情，愉悦身心。其次，美育在疏导人的情感、调节与稳定情绪、保持心理平衡方面也起着重要的作用。古人认为舞蹈能够调和阴阳之气、疏散郁闷之情，诗歌可以排遣怨怒而使人心气平和。现代医学研究表明，音乐、绘画、书法等有助于人们保持身心健康。最后，美育能够让人们懂得什么是形体美，怎样欣赏和追求健美的形体。此外，许多体育运动也包含着美的因素，如艺术体操、花样滑冰、花样游泳等。

四、美育的学习方法

感受美、追求美和创造美，是当代青少年应该掌握的重要能力。那么，怎样才能养成这种能力呢？我们可以从以下几方面入手。

（一）掌握关于"美"的基本知识

爱"美"必先知"美"。对于我们来说，需要掌握的"美"的基本知识有三类：一是美学基本理论知识。美学理论知识是对人类审美现象的整体分析和概括。学习这些知识，能够使我们懂得美的原则和各种审美范畴，懂得美的存在形态以及人类审美活动的过程，从而树立正确的审美观，形成高尚、健康的审美理念和审美情趣。二是艺术理论与艺术史知识。审美与艺术有着千丝万缕的联系。艺术欣赏需要一定的理论指导和知识积累，如需要掌握各类艺术的基本特征、艺术家的创作风格、作品的时代及社会背景等。三是其他审美常识，如自然美、生活美、科技美常识。需要指出的是，学习有关美的基本知识，要重点掌握美的基本规律及审美的基本方法，了解常见审美对象的基本内容和特征，并与感悟美、品味美的实践活动密切联系。

（二）主动感受和追求美的事物

知"美"是为了好"美"。所谓好"美"，是指当人们的审美能力得到提高后，能发现美、感受美，从而对美的事物产生喜好之情。我们应该热爱并积极参与审美及艺术活动，这不仅可使生活丰富多彩，而且有助于启迪智慧。无数事实证明，新奇的想象、巧妙的构思和闪光的灵感，一向偏爱知识渊博、眼界开阔、爱好广泛的人。许多有重大成就的伟人都兼备科学家和艺术家的双重修养。东汉的张衡发明了浑天仪、地动仪，是杰出的科学家，同时，他还是有名的文学家，以《二京赋》《四愁诗》闻名文学史；现代著名学者苏步青不仅在数学领域有重大成就，而且在古典诗词方面也很有造诣；著名科学家爱因斯坦不但创立了相对论，还是一位有名的小提琴手。从这些为人类做出巨大贡献的伟人身上，我们可以得到启示：不管从事什么工作，都应该热爱审美及艺术活动。因此，我们应该主动地感受和追求美的事物，积极参与审美活动，如欣赏艺术作品、诵读诗歌美文、吟唱优秀歌曲、参观文物古迹、游历名山大川等，从中获得美的体验，从而在心灵深处感受美带给我们的愉悦和欢快。

（三）积极投身到美的实践和创造活动中去

好"美"还要创"美"。社会的进步就是人类对美的追求的结晶。美育的目的是促进人们在思想、道德、情感、智力及体格等方面的全面发展，完善人们对美好事物的感受能力，激发人们按照美的规律创造高度物质文明和精神文明。我们应该积极投身于美的实践和创造活动中，把有关美的知识运用到日常生活和工作之中，自觉追求美、表现美，自觉摒弃丑、消灭丑，努力创造美、生产美，推动社会文明进步。

　　同学们，美无时不有，美无处不在。让我们通过美的启迪，拥有一双发现美的眼睛；让我们通过美的引领，拥有一双创造美的双手。愿同学们都能成为美的朋友、美的使者、美的创造者！

 ## 艺术实践活动

　　1. 参观当地历史博物馆，或上网查阅资料，了解本地原始文化的起源，体会美产生于人类生产劳动和社会实践的道理。

　　2. 原始艺术对当代艺术仍有影响，请寻找两三件有着原始艺术特征的当代工艺品进行欣赏。

　　3. 从网上搜集体现素朴、华丽、优美、壮美的诗词、摄影或书法作品，以及社会生活中具有崇高感的事例，做成PPT或电子杂志，通过新媒体展示出来。

第二章
美育之自然美

　　自然美是指各种自然事物美的属性和非自然事物原本就有的美的特质。人们不论是欣赏美，还是创造美，一般都从认识自然美开始。大自然千姿百态、五光十色，到处充满了美。自然美是人类永恒的审美领域，也是艺术永恒的题材。

学习目标

　　1. 掌握自然美的类型及特点。

　　2. 掌握自然美的审美形态和欣赏方法。

　　3. 了解自然美的审美意义。

　　4. 培养学生发现美、欣赏美的能力，提升自身审美体验的层次。

　　5. 加深对中国文化的理解与认同，厚植民族情感，提升文化自信，形成较好的文化素养。

第一节　自然美的概况

美的导航

"迎来送往有奇松，不论阴晴雨雪中。今被浮云遮盖住，依然美雅露忏容！"这首诗描写的是黄山迎客松（见图2-1）。迎客松是黄山的标志性景观，具有数千年历史。

黄山迎客松饱经风霜，仍然郁郁苍苍、苍翠挺拔，充满生机，其一侧枝干伸出，仿佛人伸出一只臂膀欢迎远道而来的客人，姿态优美，给黄山增添了无穷的诗情画意，也给游人带来了美的感受。

图2-1　黄山迎客松

美的探索

一、自然美的类型

根据人对自然物改造的程度，自然美分为两种基本类型：一类是没有经过人类生产实践活动加工改造过的自然物的美。如山水、生物、天象、气象等，这一类自然美具有明显的自在的特点，多以色彩、声音、线条等属性和整齐一律、对称均衡、和谐多样、变化统一等组合规律取悦于人，缺少明显的人工改造加工的痕迹。另一类是经过人类生产劳动直接改造的自然物的美。这类自然美的突出特征就是通过人类的生产实践活动，直接地、不同程度地改变了自然原有的外貌，如在山顶建个亭子、山坡上修条长廊、湖面上筑道堤坝、园林中造个假山等，这些亭台楼阁都分散在自然要素之中，随高就低，因山就势，与自然景物融为一体，对自然之景起着烘托、点缀的作用。

二、自然美的特点

自然美具有独特的审美特征，主要表现为以下两个方面。

（一）侧重于形式

一切美都要求形式与内容相统一，自然美也是内容与形式的统一体。但是，在多数情况下，自然美的内容显得比较隐约、模糊和不确定。如一颗星星、一道彩虹、一座山峰等的美所蕴含的内容是不明确的，但它的形式却显得异常清晰，它总是以鲜明的形象给人以深刻的印象，激起人们强烈的审美感受。因此，色彩、声音、形状、线条、质料等就成为自然美最重要的成分，并在人类的审美活动中占有极为突出的地位。

（二）多变性

自然美是千姿百态、变幻无穷的。第一，自然物的属性是多方面的，因而呈现在人们面前的美也是多方面的。同一自然物会因时间、环境的变化而表现出不同的美的形态和色彩，有时显现为这样一种美，有时又呈现别样一种美。第二，自然物与人的关系广泛而复杂，这就使得自然物的美在一定条件下会有不同侧面的显示。自然物所呈现的美不是单一的，而是多层次、多角度、多侧面的。自然物这种与人的多种多样的关系，使得自然物具有了美的多面性。第三，自然物本身变化无穷，甚至稍纵即逝。如同一自然物也会在不同的时间、不同的条件下显现出不同的景象。"昙花一现"以其变化之快往往给人带来怅然若失之感。

知识链接

自然何以为美

自然是人类的栖息地，也是人类生存发展的物质来源。人总是追求生命的大自在，当自然物以和谐、缤纷的感性形式存在时，人容易对其产生一种亲近感、归属感，甚至由此引发对美好生活的联想和想象，以及对宇宙与人生的审美观照。

大自然是千姿百态、变幻莫测的，甚至还带着几分神秘与奇特。面对自然现象，我们或赞美，或感叹，或惊异，或震撼，甚至生出几许敬畏的情感。自然世界的奇伟瑰怪，常常唤起人们探究与征服的欲望，人们也常常在这个过程中实现个人价值，发现自身的本质力量。这些都是自然美感的来源。

一些自然事物，还因为它们的某些属性与美好的品格有着相似之处，使观赏者从中比附、联想出它所蕴含、所象征的某种人格美和道德美，或者获得某些心灵启迪。《论语·子罕》："岁寒，然后知松柏之后凋也。"松柏不畏严寒、坚韧挺拔的品格，便常为人们所讴歌。陈毅的《青松》："大雪压青松，青松挺且直。要知松高洁，待到雪化时。"便是借物咏怀，赞美共产党人不畏强暴、不怕困难、坚强不屈、敢于斗争的崇高品格和革命精神。

第二节　自然美的欣赏

美的导航

黄山有一个景点，叫作"猴子观海"（见图 2-2）。石块状如一猴蹲坐，静观云海起伏。有诗曰："灵猴观海不知年，万顷红云镶碧天。坐看人间兴废事，几经沧海变桑田。"在云气散去之后，石猴又好似在眺望古太平县境，所以这块奇石也叫"猴子望太平"。又有诗赞曰："小劫沉沦五百春，全真应是最多情。功成缘满归东土，趺坐灵山望太平。"

图 2-2　猴子观海

美的探索

一、自然美的审美形态

自然景物多姿多彩，各具特色，自然美的审美形态大体上可归纳为以下五种类型。

（一）雄伟

雄伟的形式因素是巨大，包括数量上的巨大和力量上的巨大。数量上的巨大又包括空间巨大与时间久远两个方面。从自然景物的形式特征来看，它能给人一种崇高博大的气势和一种无限大的感觉。比如五岳之首的泰山（见图 2-3），海拔只有 1 545 米，但其雄居于齐鲁平原之上，就显得体积厚重而高耸、气势磅礴。当我们登上泰山时，就会有"会当凌绝顶，一览众山小"的感觉，有一种雄伟的美感。再如"天苍苍，野茫茫，风吹草低见牛羊"的塞外大草原，一望无际的海洋以及"茫茫五百里，不辨云与水。飘然一叶舟，如在天空里"的滇池，都显得无比雄伟壮阔。这是形式因素在空间数量上的巨大所造成的雄伟，有些自然景物因其时间久远，也同样显示出雄伟之美。如秦始皇陵的兵马俑，当我们面对它时，会被其雄伟所折服，原因除了它阵势宏大外，时间的久远是更为重要的一个方面。再如黄陵古柏 20 余株，其中最大者轩辕柏（见图 2-4）据说是由黄帝亲手所栽，七人合抱有余，俗称"七搂八拃半，疙里疙瘩不上算"，为"世界柏树之父"，树龄约 5 000 年。它从空间巨大和时间久远两方面共同显示出雄伟之美。

图 2-3　泰山

图2-4　轩辕柏

　　有些风景区的古老建筑，在体积上不算大，但它历经人间沧桑，时间上可算久远，如泰山黑龙潭下有座古刹普照寺，据传始建于六朝，距今1 500多年，这些时间上的久远，使我们觉得它非常雄伟。力量上无限大的自然景象也很多。如汹涌澎湃的钱塘江大潮（见图2-5），"飞流直下三千尺"的庐山瀑布，气吞山河的黄果树瀑布，以及勇猛矫健的雄狮猛虎，大海中遨游的鲸、鲨，天空中回旋的苍鹰，等等，都具有雄伟之美。

图2-5　钱塘江大潮

（二）奇特

　　奇特是指自然物的形式与一般的均衡、对称、和谐等形式规律相对抗，显得曲折、离奇、变幻莫测，令人感到怪异，而经得起欣赏者的反复玩味。如"黄山天下奇"，不但有千姿百态的山峰，变幻莫测的云海，还有卧龙松、迎客松等奇树和飞来石、龟鱼石等异石。总之，黄山的奇峰、奇石、奇松、奇云共同构成了奇美的风光，使游者如入仙境，叫人赞叹不绝。徐霞客曾称赞道："五岳归来不看山，黄山归来不看岳"，"登黄山天下无山，观止矣"。郭沫若也有"深信黄山天下奇"的佳句。

云南的石林（见图2-6）更是奇特。在那里，我们可以看到千根万根石柱竖立在一起，仿佛是一片森林。石柱中，有的高达30多米，形态不一；有的像莲花；有的像凤凰用嘴梳理翅膀；有的两柱并列，一大一小，前后相随，如母子偕游，极为有趣。还有桂林的七星岩（见图2-7）、芦笛岩，岩洞深邃，洞中遍生的石钟乳、石笋、石花等组成瑰丽奇特的景色，使人惊奇不已，成为以奇创胜的自然美。

图2-6 云南石林

图2-7 桂林七星岩

（三）秀丽

秀丽是指自然景物姿态舒缓优美，线条婉曲柔和，色彩碧绿凝翠，植被丰茂荫浓。如峨眉山的秀丽、黄山的奇秀、庐山的清秀、雁荡山的灵秀、武夷山的神秀、桂林山水的锦秀、西湖山水的媚秀等，都带有"秀"的特点。四川峨眉山（见图2-8），因其山势逶迤，"如蟮首蛾眉，细而长，美而艳"，故名之曰"峨眉"。它林木葱茏，色彩凝碧，山明水秀，山石很少裸露，线条柔和流畅，是我国自然景观中"秀"的典型。欣赏秀丽的自然景色，犹如人在画中行走，令人赏心悦目，陶醉在大自然的秀丽、和谐之中。

图2-8 四川峨眉山

（四）清幽

清幽景致的特点是欣赏空间范围较小，环境幽静。这种风景常以丛山深谷和伸展的山麓为地形基础，并辅以繁密的乔木灌林，加上山谷的自然转曲，形成明暗阴影变化异常丰富的景象。山深而不局促，景浓而有层次。"山重水复疑无路，柳暗花明又一村"就是这种自然美的写照。幽，既可指深邃的视觉欣赏空间，又可指恬静的听觉环境，所谓"蝉噪林逾静，鸟鸣山更幽"就是这种境界。如四川青城山，纵观之，宛若一个天然陶铸的大青瓷瓶，幽雅古朴。山间蜿蜒的小路，两侧苍松翠竹，溪泉清澈见底，蝉噪幽林，鸟鸣空谷，造成一种幽深境界。青城山还有一个"听寒亭"，所谓"寒"也就是形容幽静的境界。在听寒亭前，清水一泓，晶莹见底，泉珠滴落池中，如琴弦轻拨。人在幽深的山水之中漫步，会顿觉神志清爽、心情恬静，与大自然融为和谐的整体。唐代诗人杜甫曾写诗句"自为青城客，不唾青城地。为爱丈人山，丹梯近幽意"来赞美"天下幽"的青城山。

（五）险绝

险绝的特点是山脊高而窄，坡度特别大，能以特殊的夸张形式打破某些平庸的调和而引起人们强烈的兴趣。如华山（见图2-9）天下险，"远而望之若华状"，故名之曰"华山"。鸟瞰它，犹如一方天柱，拔起于秦岭山前诸峰之中，四壁陡立，几乎与地面成八九十度的角。所谓"自古华山一条路"，主要指青柯坪往主峰攀登的险道。青柯坪，即是登山路程之半，也是海拔高度之半，其下为幽深峡谷，其上是危崖绝壁的西峰。它与西峰顶水平距离只有 600～700 米，而高差竟达数千米。攀登这千米危崖，须历经千尺幢、百尺峡、老君梨沟、擦耳崖、苍龙岭五大险关，特别是苍龙岭长约一里，岭脊仅宽一米左右，经长期风化剥蚀，岭脊圆而光滑，形如龙脊鱼背。岭西，壁落深渊，直下 700 多米；岭东，绝壑悬崖，似觉无底。明代画家王履曾在此留下诗句："岭下望岭上，夭矫蜓蜿飞。背无一仞阔，旁有万丈垂。循背匍匐行，视敢纵横施。惊魂及坠魄，往往随风吹……"险美是一种惊心动魄的美感，"无限风光在险峰"，当我们驾驭了它时，会感到无限的自豪与快慰。

图 2-9 华山

我们把自然景物大致归纳为以上五类，但这只是相对的，因为在许多情况下，这些风格类型共生交错，相映成趣。因此，我们在欣赏自然美时，既要注意自然景象总的气势、总的风格，又要细心察看品评一些局部的景色特点，做到庞微结合、远近结合，较好地领悟和欣赏自然美景。总之，欣赏自然美，不仅应当注意文学、艺术、历史等文化的修养，更要重视树立正确的审美观，努力提高自己的思想境界，才能达到欣赏自然美的深层次。

二、自然美的欣赏方法

（一）调动审美感官，充分发挥想象

自然美主要以自然事物的形、色、声、光等感性形式给人以审美享受。单用眼睛来欣赏自然美是远远不够的，还要调动耳、鼻等各种审美感官，将它们协同起来一起感受。只有这样，才能进入审美情境，感受自然之美。

欣赏自然景物，除了要调动审美感官外，还要善于运用联想和想象，来丰富和扩大自己的审美感受。有一句话叫："三分像，七分想。"大自然是不断变化的，长年累月的造化之功使某些自然物看上去像某一事物。当我们边欣赏边想象时，便能获得一种独特的审美感受。

（二）扩充自然知识，丰富实践经验

欣赏自然美，单靠直觉和想象还不够，要获得对自然美的丰富感受，需要不断扩充自然知识。如果我们对泰山的地理环境有一定的了解，对其雄伟的特征就会有更深的理解；如果我们对黄山的气候特征及天气变化有一定的了解，那么对黄山云海、佛光、雾凇等奇观就会有科学的认识；如果我们对峨眉山植物的种类及形态有一定的认知，那么对其秀丽之美就会有新的体会；如此等等。要获得对自然美的丰富感受，还离不开审美体验的积累。如果我们欣赏的名山大川多了，那么对"泰山天下雄，华山天下险，黄山天下奇，峨眉天下秀，青城天下幽"的说法就可能会有更深刻的体验。因此，我们要在实践中丰富自己的审美体验。

知识链接

雾凇

雾凇，俗称树挂，是我国北国风光中的一朵奇葩。它非冰非雪，而是零摄氏度以下尚未结冰的水蒸气随风在树枝等物上不断积聚冻粘的结果，表现为白色不透明的粒状结构沉积物。因为它美丽皎洁，晶莹闪烁，又被称为"冰花""琼花""雪柳"等。

吉林雾凇（见图2-10）是中国四大自然奇观之一。每当雾凇来临，吉林市松花江岸十里长堤"忽如一夜春风来，千树万树梨花开"，柳树结银花，松树绽银菊，如诗如画。位于吉林市乌拉街镇的雾凇岛，是我国著名的雾凇风景区。这里树形奇特，沿江的垂柳挂满了洁白晶莹的霜花，江风吹拂银丝闪烁，天地白茫茫一片，犹如被尘世遗忘的仙境。

图2-10　吉林雾凇

（三）提升文化修养，培育人文情趣

欣赏自然美，还要有一定的文化修养。我国的许多自然景观都带有历史、文化的痕迹。有些自然景观，如果就其形式来看是很平常的，但因为涉及某些历史事件、民间故事或神话传说而顿生异彩。比如，泰山由于古代帝王的祭天活动而被奉为"神山"；五台山、武当山因宗教活动逐渐发展为佛教名山、道教福地；井冈山、大别山等是革命圣地；等等。这些景区都保存着不少的文物古迹，如庙宇殿堂、摩崖石刻、壁画雕塑、对联匾额等。如果我们留心欣赏这些方面，就会体会到自然景观的历史价值及文化艺术价值。这样欣赏自然美，就会更富情趣，更具意义，更有收获。

（四）关注时令变化，掌握观察方法

把握住时令变化，选择最佳观赏时期。大自然的奇妙变幻与晴雨晨昏、寒来暑往等时间因素有着不可分割的关系。欣赏自然美，要善于把握时令变化给自然景物增添的迷人色彩。

（五）注意变换空间，选择最佳观景点

大自然的山水、树木、光影、云霞、雨雾以及点缀其间的建筑、人群、飞禽走兽，构成动静变化的空间整体。自然界辽阔无边，自然景物千姿百态，空间的变化会带来视觉形象的变化。欣赏自然美，要注意景物在空间上的变化，并选择最佳的观景方位。

总之，自然界的地形地貌及自然景物形形色色，自然界有静有动，富于变化。大自然的空间转换和时间变化，使欣赏者所看到的风景因时因地改变着，促使欣赏者将无比多样的美的信息协同起来，极大地丰富审美感受。

三、自然美的审美意义

（一）丰富精神生活，培养高尚情操

大自然是人类的身心栖息之所。我们在紧张的学习、工作之余，投入大自然的怀抱，呼吸清新的空气，享受温暖的阳光，观赏桃红柳绿，谛听鸟鸣泉流，能够身心愉悦，真切地感受到生活的美好。大自然的真实、优美、生机盎然，能激发我们的生活热情，让我们产生返璞归真的冲动。清澈的流水能洗涤我们的灵魂，无边的大海能开阔我们的胸襟，巍巍高山能培育我们坚毅、温厚的性格。大自然不仅可以让我们舒畅心胸，还可以陶冶我们的情操。

（二）增长自然知识，促进人们成长

在欣赏自然风光的过程中，我们会广泛地接触各种自然现象，了解各种地形地貌，认识众多的珍禽异兽，熟悉各种花草树木。大自然的熏陶有助于增长见识，活

跃思维，开发智力，促进我们的成长。许多杰出人物的成长过程，都与投入大自然的怀抱密不可分。明代的徐霞客，一生几乎有一半时间是在"问奇于名山大川"中度过的，他把对自然景物的欣赏与对自然现象的科学考察结合起来，写出了"千古奇书"《徐霞客游记》。达尔文乘勘探船环球旅行5年，在动植物和地质等方面进行了大量的观察，写出了《物种起源》一书。在他看来，再没有什么事情会比长途旅行更加能够使青年科学家得到进步了。

（三）培养欣赏能力，促进文艺创作

欣赏大自然，可以培养我们对自然的审美感受力，培养我们的多种生活情趣，如绘画、摄影、写作等。大自然是文艺创作永不枯竭的源头活水。古今中外的许多文学家、艺术家都酷爱大自然，并从中获得创作灵感，汲取创作素材，提高创作技法。唐代书法家李阳冰"以自然为师"；清代画家石涛"搜尽奇峰打草稿"；贝多芬的许多乐曲，都是他在田间散步或坐在树根上欣赏田园风光时构思而成的。

（四）激发民族自豪感，培养生态文明意识

我们的祖国地大物博，江山多娇，被我们深情地称为母亲。华夏大地的山川，是母亲身上的肌理；神州万里的风物，是母亲身上的肤色。我们生于斯、长于斯，当我们在名山大川之中流连忘返，胸中怎能不涌动起强烈的民族自豪感呢？天地先于人类而产生，自然是人类栖居之所。2013年，习近平总书记在海南考察工作结束时的讲话中说："对人的生存来说，金山银山固然重要，但绿水青山是人民幸福生活的重要内容，是金钱不能代替的。"欣赏自然美，培养人与自然和谐共生的生态文明意识，把建设美丽中国化为自觉行动。

 艺术实践活动

1. 浏览中国国家地理网，欣赏天地日月、山水树石的自然之美，挑选出几幅喜欢的作品分享给朋友，并发表自己的感想。

2. 大自然的奥妙在于，即使是同一种事物，不同的景象也总是有其独一无二之处。上网浏览多样的桃花盛开的景象，说说其中的独到之处，并试着拍一拍身边的美好景象，感受其独特的美。

3. 将班级人员分为两组，分别收集"自然瞬间美"的摄影作品（也可自行拍摄），然后组织以"感动瞬间"为主题的宣传教育活动。活动的形式不限，可以布置一个摄影展，也可以将摄影作品做成PPT后组织一场讲座等，各组制定宣传方案并组织实施。

第三章
美育之生活美

生活美，表现在日常生活的方方面面，体现了人们的创造智慧，融入了人们的审美思想和生活品位，不仅能带给人们直接和强烈的审美体验，还能激发人们的生活热情、鼓舞人们的精神、坚定人们的信念。

📝 学习目标

1. 认识服饰美、饮食美和劳动美的内涵，感受其不同的美育功能。

2. 培养在社会生活领域中发现美、欣赏美、创造美的能力，树立正确的审美观。

3. 提高学生审美能力和艺术创作能力，成为新时代高素质人才。

4. 弘扬劳动精神、奋斗精神、创造精神，为培养担当民族复兴大任的时代新人做出积极贡献。

第一节　服饰之美

美的导航

中国有礼仪之大，故称夏，

有服章之美，谓之华。

着我汉家衣裳，兴我礼仪之邦。

对于很多人而信，

汉服或许是一个含义不明的过去时态。

但是在另一部分人心中，

它却是承载文明意味的中华符号。

…………

服饰是一种文明，衣冠于人，如金装在佛，追求美的天性驱使人们在几千年的岁月更迭、改朝换代中打造出了绚丽动人的中国衣橱。

美的探索

一、黄帝、舜帝与中国衣裳

古籍记载，衣裳为黄帝时期所制。远在三皇五帝时期，先民们以鸟兽毛皮为衣，进而用麻作布，后来嫘祖植桑养蚕，教导人民织布作衣。《世本》记载：黄帝的臣子"伯余作衣裳""胡曹作冕衣"。

"衣裳"是指上身穿衣，下身穿裙。上衣下裳，是我国最早的服装形制之一，体现了古人的创意与智慧。上衣下裳首先是为了方便生活，但黄帝赋予了"衣裳"以文化含义。《帝王世纪》记载："黄帝始去皮服，为上衣以象天，为下裳以象地。"

《周易》："黄帝、尧、舜，垂衣裳而天下治，盖取诸乾坤。"从黄帝之后，衣服的功能增加了政治内涵，之后的舜帝又创造性地在服装上增加了十二种图形，这就是深远影响后世的"十二章纹"。这十二种图形都有非常美好的含义，代表优秀的品行。黄帝的"上衣下裳"和舜帝的"十二章纹"，都是其思想的体现。

二、西汉素纱襌衣

1972 年，湖南长沙马王堆一号汉墓出土了素纱襌衣（见图 3-1），该墓主人为西汉长沙国丞相利苍的妻子辛追。除此件襌衣外，墓中还出土了大量绢、绮、罗、纱、锦等丝织品和衣物。

图 3-1　素纱襌衣

素纱襌衣薄如蝉翼、轻若烟云，它代表了西汉初期养蚕、缫丝、织造工艺的最高水平。素纱襌衣可能为女子锦袍外面的罩衣。素纱襌衣罩于色彩艳丽的锦袍外面，既能增加服装的层次感，又能衬托出锦衣的华美与尊贵。

素纱襌衣由上衣和下裳两部分构成，交领，右衽（rèn），直裾。面料为素纱，边缘为几何纹绒圈锦。素纱丝缕极细，重仅 49 克。素纱襌衣是存世年代最早、保存最完整、制作工艺最精、最轻薄的一件衣服，在中国古代丝织史、服饰史和科技发展史上有着极为重要的地位，是中国首批禁止出国（境）展览文物，现收藏于湖南省博物馆。

三、汉服

汉服，指汉族传统服饰，又称华服。汉服影响了整个汉文化圈，日本、朝鲜、越南、蒙古、不丹等国的服饰均具有或借鉴汉服的特征。

汉服的衣领直接与衣襟相连，衣襟在胸前相交叉，左侧的衣襟压住右侧的衣襟，在外观上表现为"y"字形。"袖宽且长"是汉服礼服袖型的主要特点，但不是唯一的款式特点，汉服的小袖、短袖也比较多见。

汉服一般是用带子来系住衣服的，即使有用扣子的，也多把扣子隐藏起来。

汉服整体衣冠系统，展现了华夏文化的纺织、蜡染等工艺。

汉服衣料主要为麻、棉、丝。衣料根据纺织工艺的不同可细分为锦、绫、罗、绢等。

四、十二章纹

据《尚书》记载，舜帝提出在服装上绘制十二种图形，这十二种图形被称为"十二章纹"，也叫"十二章"。从舜帝开始，一直到清朝结束，它多出现在帝王的礼服当中。

十二章纹历经朝代更迭，因其意义深刻，始终保持着原始的形态，几乎没有改变，这也是其他普通装饰图案无法比拟的。

十二章纹的纹饰，分别为日、月、星辰、山、龙、华虫、宗彝、藻、粉米、火、黼（fǔ）、黻（fú）等。日、月、星辰取其照临之意；山取其稳重、镇定，为人所仰之意；龙取其应变之意；华虫取其文理之意；宗彝取其忠孝之意；藻取其洁净之意；火取其光明之意；粉米取其养人之意；黼取其"割断"（做事果断）之意；黻取其背恶向善之意。

第二节　饮食之美

📖 美的导航

饮食对于中国人来说，不仅是为了满足基本的生理需求，也是精神文化生活的重要组成部分。我国饮食之考究，烹调技术之高超，是早已闻名世界的。孙中山先生曾说过："我中国近代文明进化，事事皆落人之后，惟饮食一道之进步，至今尚为文明各国所不及。中国所发明之食物，固大盛于欧美；而中国烹调法之精良，又非欧美所可并驾。"① 孙中山一生为革命奔走，足迹遍至全国，海外游踪也极广，他的

---

① 孙中山．孙中山选集：上．北京：人民出版社，1981：124．

评价从全世界的角度充分说明了中国传统饮食文化的独特魅力。中国传统饮食取材广泛，烹饪方式多样，技艺精良，包含着丰富的文化内涵。

一、食之美

一日三餐是人们最基本的生活需求。美食不论荤素，可口即美，它不仅能使人得到味觉快感，获得精神享受，而且能够使人感受到生活的美好，焕发出对生活的热情，激励人的精神。美食之美具体表现在色、香、味三个方面。

（一）色

美食讲究色、香、味俱全。其中，诱人的颜色不仅能够增进食欲，而且能给人以视觉和心理上的美感享受。美食的颜色，一方面是通过科学的烹饪方法，使食材本身的颜色很好地表现出来（如图3-2所示）；另一方面是通过不同颜色食材的搭配，使美食呈现出诱人的色彩（如图3-3所示）。

图3-2　蚝汁菜心

图3-3　桂花蜜山药

（二）香

香是美食给人的一种嗅觉上的美感。美食之香，一方面是通过科学的烹饪方法使食材本身含有的香味释放出来；另一方面是通过调味增加美食的香气，如在出锅的西红柿蛋汤中淋几滴香油。

（三）味

味是美食的根本。尽管色、香可以增进人的食欲，但一份菜品给人的享受主要还是由味道决定。美食之味，一方面来自食材本身，另一方面来自烹调。其中，食材本身的味道是基础，烹调只是为了凸显和优化。如图3-4所示，这盘清炒土豆丝，在烹饪时只用了油和盐，目的是保留土豆原有的清香之味；如图3-5所示，这盘红烧肉，在烹饪时加了较多的调味品，一方面是为了去除腥味，另一方面是为了增加鲜味。

图 3-4　清炒土豆丝

图 3-5　红烧肉

在这里，我们要特别强调的是，美食之美不在肥甘，家常便饭，可口即美；味不必浓厚，清爽适口为佳。从健康的角度看，食当以素为主，以荤为辅。这样，我们可以在享受美食的同时，享受健康的人生。

二、酒之美

中国酿酒的历史十分悠久，酒文化的内涵十分丰富。在中国古代的文学作品中，关于酒的文字俯拾皆是。例如，曹操的"何以解忧，唯有杜康"（《短歌行》）写的是借酒消愁，柳永的"都门帐饮无绪"（《雨霖铃·寒蝉凄切》）折射的是杯中愁绪，陆游的"红酥手，黄滕酒"（《钗头凤·红酥手》）诉的是离痛，王维的"劝君更尽一杯酒，西出阳关无故人"（《渭城曲·送元二使安西》）道的是友情……品酒，品的是生活，品的是乐趣，品的是人生。

在这里，要特别强调的是，唐宋以前诗文中所写的酒，不是今天的白酒，而是黄酒、葡萄酒、桂花酒、稠酒和菊花酒等。因这些酒适量饮用不仅对身体有益，而且饮用时能增加生活情趣，所以被人们称为美酒。

自古以来，人们将酒作为一种佐餐的饮品，主要是因为发酵酒对人的健康是有益的。

黄酒是中国最古老的发酵酒之一。其中含有丰富的氨基酸、多种糖类和维生素等，从古至今一直被视为养生健身的"仙酒"和"琼浆"。

葡萄酒中含有较多的糖分、矿物质、多种氨基酸、柠檬酸、维生素等营养成分。《新修本草》将葡萄列为补酒，认为它有"暖腰肾、驻颜色、耐寒"等功效。

桂花酒早在春秋战国时期就已经产生并为人们所饮用。古人认为桂为百药之长，所以用桂花酿制的酒对人有益。

经过人们长期生活的检验，除了以上几种酒外，菊花酒、枸杞酒、莲花酒、人参酒、茯苓酒等，也是养生益寿的好酒。

在这里，必须强调的是，古人饮酒的目的是健康，不是纵情。因为再好的酒，过量也是有害的。因此，饮酒必须适量。

在我国古代，有很多有关借酒消愁的诗词。例如，范仲淹《御街行·秋日怀旧》："纷纷坠叶飘香砌。夜寂静，寒声碎。真珠帘卷玉楼空，天淡银河垂地。年年今夜，月华如练，长是人千里。愁肠已断无由醉，酒未到，先成泪。残灯明灭枕头欹，谙尽孤眠滋味。都来此事，眉间心上，无计相回避。"这首词是写相思之愁的。又如，李白的"抽刀断水水更流，举杯消愁愁更愁"（《宣州谢朓楼饯别校书叔云》）和白居易的"把酒思闲事，春愁谁最深。"（《把酒思闲事二首》）

在这里，我们首先要明确的是，古人的借酒消愁实际上是把饮酒当作一种静心安神的方式——独处，静坐，把盏，沉思，最终达到排遣愁绪的目的。其次，古人所饮的黄酒和葡萄酒等是低度酒，都具有安神的作用。例如，葡萄中所含的褪黑素是一种能辅助睡眠的物质，所以，葡萄酒可以帮助人们调节睡眠，具有一定的安神功效。古人也许正是利用了酒的安神功效，喝上几杯，美美地睡一觉，醒来后诸愁皆去。

在古代，酒有传情达意的作用。从王维的"劝君更尽一杯酒，西出阳关无故人"，到柳永的"都门帐饮无绪"，酒在很多场合被人们作为一种传情达意的媒介。为好友饯行，与亲人话别，和老友重逢……推杯换盏中，不仅有情感的传递，而且也有礼数的表达。

陆游与唐琬在沈园相遇，在"红酥手，黄縢酒"的情境之下，心中泛起的是无限悔恨；柳永与相爱的人道别，举杯时，心中涌起的是"今宵酒醒何处，杨柳岸，晓风残月"（《雨霖铃·寒蝉凄切》）的凄凉。在诗词所描绘的情境里，有酒必有情，情比酒更美、更浓。

虽然自古关于酒的美谈很多，但过量饮酒伤身败德的危害性也早已为人们所认识，所以古人早就提出了饮酒的道德规范，即"合度者有德，失态者无德"。

三、茶之美

俗话说，"开门七件事，柴、米、油、盐、酱、醋、茶"，"文人七件宝，琴、棋、书、画、诗、酒、茶"，可见茶不仅为老百姓所喜爱，更为文人雅士所钟爱。茶是一种健康饮料，具有消暑解渴、提神醒脑、利尿强心、杀菌消炎等功效，据《神农百草经》记载："神农尝百草，日遇七十二毒，得茶而解之。"自神农氏发现了茶以来，人们种茶、饮茶、品茶的热情始终未减。

（一）茶的种类

我国茶叶品种繁多，竞相争艳，诸多品种中的名茶在国际上享有很高的声誉。

根据茶叶初加工工艺中鲜叶是否经过酶性氧化及氧化程度，茶叶可分为不发酵茶（绿茶）、轻发酵茶（白茶、黄茶）、半发酵茶（青茶）、全发酵茶（红茶）和后发酵茶（黑茶）。

绿茶色泽翠绿，冲泡后，茶汤黄绿澄澈，茶香清新高扬，入口鲜醇爽口，代表品种有西湖龙井、碧螺春、信阳毛尖、六（ⅰù）安瓜片（见图3-6）等。

白茶，芽叶壮嫩，形态自然，白毫满披，冲泡后汤色橙黄或深黄，滋味醇爽，代表品种是白毫银针（见图3-7）；黄茶具有"黄叶黄汤"的特点，代表品种有君山银针（见图3-8）、蒙顶黄芽。

图3-6　六安瓜片　　　　图3-7　白毫银针　　　　图3-8　君山银针

青茶又名"乌龙茶"，主要产于福建、广东及台湾等地区，其色泽青褐，冲泡后具有特殊的香气和韵味，代表品种有安溪铁观音、大红袍（见图3-9）、冻顶乌龙。

红茶冲泡后的茶汤和叶底呈红色，代表品种是祁红工夫茶（见图3-10）。

黑茶的代表品种是普洱茶（见图3-11），其汤色红褐、明亮，香味醇厚。

图3-9　大红袍　　　　图3-10　祁红工夫茶　　　　图3-11　普洱茶

（二）茶的感性审美特征

茶的感性审美特征集中体现在茶叶和茶水的形、色、香、味几个方面。

1. 茶形之美

凡优质茶叶都有其独特的形状美，如西湖龙井（见图3-12），外形扁平光滑，形似碗钉；特级黄山毛尖（见图3-13），形似雀舌，匀齐壮实，峰显毫露；碧螺春茶，条索纤细，卷曲成螺，满身披毫；银针白毫，芽头肥壮，遍披白毫，挺直如针。单赏茶之形状就足以激起美的联想。

图 3 - 12　西湖龙井　　　　　　　　图 3 - 13　特级黄山毛尖

2. 茶色之美

茶色之美包括干茶的茶色、叶底的颜色以及茶的汤色三个方面，在茶艺中主要是鉴赏茶的汤色之美。鉴赏茶的汤色宜用内壁洁白的素瓷杯或晶莹剔透的玻璃杯，在光的折射作用下，杯中茶汤的底层、中层和表面会幻出三种色彩不同的美丽光环，十分神奇，很耐观赏。徐寅在《尚书惠蜡面茶》一诗中写道："金槽和碾沉香末，冰碗轻涵翠缕烟。"茶香缭绕，茶汽氤氲，茶汤似翠非翠，色泽似幻似真，这种意境真是美极了。

3. 茶香之美

茶香不像酒香那样富有刺激性，其芳香馥郁，清新优雅，令人神清气爽，喜好饮茶者深知品香的妙趣。例如，西湖龙井香馥如兰，黄山毛峰清香高长，江苏碧螺春香气浓似花果味，祁门功夫茶香气浓郁高长，似蜜糖香又蕴藏兰花香。各种花茶不仅有茶香，而且有茉莉、玉兰、桂花、金银花、玫瑰花等各种鲜花的香气。对于茶香的品鉴，人们一般至少要三闻：一闻干茶的香气；二闻开泡后充分显示出来的茶的本香；三闻茶香的持久性。因为茶香有一大特点，就是会随着温度的变化而变化。闻香的办法也有三种：一是从氤氲上升的水汽中闻香；二是闻杯盖上的留香；三是用闻香杯慢慢地细闻杯底留香。

4. 茶味之美

饮茶重在品味，决定茶味是否美的关键因素有：一是茶叶和制作方法，不同的茶，不同的制作方法，必然导致不同的茶味，如云南的苦丁茶先苦后甜，余味无穷。苦丁茶是精选天然苦丁茶树嫩芽，利用纯手工特殊工艺精制而成，有清热解毒、消炎止渴的功效，颇受中老年人喜爱。二是水质，用上好的泉水泡茶才能真正品出茶的美味。传说，有一次王安石让苏轼给他带长江三峡的中峡水。船到三峡后，苏轼问老船夫哪里的水好。船夫说，三峡水相连，难分好歹。于是苏轼就带一瓮下峡水给王安石。王安石将水烧开沏茶，一经品味，便说此水是下峡水。东坡只得实说并问道："何以辨之？"王安石说："上峡水太急，下峡水太缓，唯中峡缓急参半。沏茶时，上峡水味浓，下峡水味淡，唯中峡水浓淡适中。今天沏茶，茶色许久方显，所以识得是下峡之水。"

（三）喝茶与品茶

中国人饮茶素有喝茶与品茶之分，喝茶是为了满足人的生理需要，补充人体的水分，其目的在于解渴；品茶是为了满足人的心理需要，增添生活的乐趣，其目的在于情趣。一般来说，从事体力劳动的人、口渴的人，往往是拿起大碗，咕咚咕咚一口气喝下去，他们以酽、多、快为乐，不讲究什么情趣，所以"好是好，就是淡些，再熬浓些更好了"出自刘姥姥之口便不足为怪了。文人雅士则不同，他们饮茶不在于喝而在于品。文人雅士品茶讲究情调，追求儒雅的风韵，不但要有良好的自然条件和优雅的环境，而且要有志同道合的茶友以及清香宜人的好茶。品茶应慢慢地、一小口一小口地品，《红楼梦》中的品茶高手妙玉曾说："一杯为品，二杯即是解渴的蠢物，三杯便是饮牛饮骡了。"虽然有点夸张，但足以说明古人品茶以少为宜。假如一杯接一杯地大口喝茶，不仅难以品出茶的清香，而且喝相不雅，缺乏生活情趣，更谈不上什么闲情逸致了。

（四）泡茶的艺术

饮茶不单指慢饮细品，也包括欣赏泡茶的手法、遵循品茶的程式、感受舒适的环境和轻松的气氛，即所谓"酌清饮静，享受生活，品味人生"。

不同历史时期，人们的饮茶方式不同，从唐代煮茶到宋代点茶再到明清冲泡茶，茶艺随着历史的发展也在不断演变。

古代茶艺较为风雅，追求精俭清和。唐代及之前较为普遍的饮茶方式是煮，即直接将茶叶放在锅中烹煮，茶汤煮好之后斟入众人的茶碗中，以示同甘共苦。到了宋代，茶艺演化成点茶，主要用于斗茶，即将饼茶碾磨成粉末，置于碗中，以沸水冲点入碗，以茶筅（打茶的工具）用力击打，使茶末溶于水，并渐起沫饽（茶水煮沸时产生的浮沫）。斗茶的胜负以沫饽颜色及出现是否快、水纹露出是否慢来评定，沫饽洁白且出现快、水纹慢出而不散者为上。

明清时期的茶艺起到了承上启下的作用，其冲泡方式的茶艺成为主流并延续至今。冲泡的过程基本有：烫杯—倒水—置茶—注水—倒茶—分茶—奉茶—闻香—品茶—清渣—洗器。

欣赏现代茶艺时，可以欣赏"凤凰三点头"、高冲低斟的冲泡方法，也可以欣赏精美的茶具、工夫茶茶艺、茶博士斟茶的技巧等。这些泡茶的技艺和品茶的艺术可以给人带来视觉、嗅觉、味觉和触觉等全方位的享受。

第三节　劳动之美

美的导航

　　生产劳动是人类最基本的实践活动，也是人们获得审美愉悦的重要来源。随着人类社会的进步，在当今物质条件下，劳动不再只是谋生的手段，也是人类自主性、创造性的重要表现方式。人们比以往任何时候都更深刻地感受到劳动本身的美，包括劳动过程、劳动环境、劳动工具、劳动组织、劳动产品、劳动成果以及劳动主体——劳动者自身的美。

美的探索

一、劳动者的美

　　人是劳动主体。劳动者的美是人在生产劳动中表现出来的美。人作为劳动主体，既是物质财富的生产者，又是美的创造者。劳动者的美主要表现为劳动者在生产劳动中具有健康的体质、熟练的技艺和高尚的职业道德。

二、劳动环境的美

　　劳动环境由劳动场地、室内装饰、服务设施、照明、环境卫生、工作节奏等构成。美的劳动环境能消除或减轻劳动者的疲劳感、紧张感和不安全感，使劳动者的精神获得自由，从而专注于劳动，并感到劳动带给人的愉快，最终提高劳动效率。因此，劳动环境的美，实质上是通过有形的、感性的形式，使劳动者从物的压迫中解放出来，使劳动真正成为劳动者的需要（包括精神需要），进而使劳动者能够在劳动中充分释放创造的潜能。

三、劳动过程的美

　　劳动过程是人们改造和利用自然，从自然获取物质生活资料的过程。自由的、富有创造性的劳动能给劳动者以审美享受。首先，劳动过程作为劳动者的智力和体力的活动过程，作为机体运动的一种方式，能够使劳动者的潜力得到发挥，使劳动者本身获得一种对生命自由的感知；其次，劳动过程通常以获得预定的劳动成果而结束，能使劳动者得到实现目的的喜悦与满足；最后，劳动者在劳动过程中不断积累经验，掌握技巧，逐步寻找到改造和利用自然的规律，并运用于生产实践，从而感受到创造天性得到自由发挥的自足和愉悦。因此，从本质上讲，劳动过程的美是一种自由创造的美。

不仅劳动者本人能从自由创造中体验到劳动过程的美，旁观者也能从其劳动场面中感受到劳动过程的美（见图 3 - 14）。农田里热火朝天的收割场面，流水线前娴熟的操作动作，建设工地推土机来回运转的场景，等等，都会使人感到振奋，得到鼓舞。生活中许多激动人心的劳动场面，为文学、摄影、影视等艺术创作提供了取之不尽的素材。

图 3 - 14 劳动过程的美——采茶

四、劳动产品的美

劳动产品的美是凝结在劳动成果上的人类智慧、才能和创造力的外在显现。生产劳动不仅为人们提供了物质产品，也提供了审美对象。劳动产品的美，是由功能美和形式美两个方面构成的。从劳动产品的功能美方面来说，要求材料适当，功能结构合理，加工方法科学，从而组成一个和谐的整体，以便人们在使用时发挥其功能效用。从劳动产品的形式美方面来说，要求劳动产品在满足功能效用的同时，还要满足人们的感官需要。劳动产品的外观，如造型、色泽、质感以及外部包装等的赏心悦目，能给人们以享受和满足，体现出审美的价值。功能美和形式美的完美统一，是劳动产品美的最高境界。

 艺术实践活动

1. 观看《国家宝藏》第二季的《古代服饰艺术再现 带你穿越大唐》，领略中国古代的章服之美，从服饰切入，了解中华民族的发展历程，感受中华优秀传统文化的绚丽多姿。撰写 500 字的观后感，谈谈你如何理解"知来处明去处"。

2. 随着经济社会的发展和人民生活水平的提高，穿衣不但为了避寒保暖，而且为了彰显自身的气质、品位和生活态度。联系实际，谈谈你对服饰美的理解。

3. 在我国，厨艺的传授遵循口耳相传、心领神会的传统方式，祖先的智慧、家族的秘密、师徒的心诀、食客的领悟，制作美味的每一个瞬间，无不用心创造、代代传承。观看纪录片《舌尖上的中国》第二季第三集《心传》，体会厨师精湛技艺的传承，感受中国烹饪的非凡史诗。

4. 以"奋斗的青春最美丽"为主题，用镜头记录青年身上所展现的奋斗精神和职业魅力，体会奋斗拼搏的价值。作品要展现对青年脚踏实地、不懈奋斗的赞美，体现对劳动创造幸福生活的诠释。

第四章
美育之文字美

由于汉字独特的形状特征，中国人在书写汉字的过程中，逐渐发展出世界上独一无二的艺术——书法。书法艺术被誉为"无言的诗、无形的舞、无图的画、无声的乐"，其以抽象、灵动的线条带给人们无穷的韵味和丰富的审美情趣。中国书法的发展经历了一个漫长的过程，从最早的金石竹刻到毛笔书法，逐渐形成了多种书体，大致可以分为篆书、隶书、草书、楷书、行书五种。它们既是赏心悦目的艺术形式，也是传承中华优秀传统文化的重要载体，在社会主义文化建设中发挥着独特的作用。

📝 学习目标

1. 认识篆书、隶书、草书、楷书、行书五种书体，体会汉字之美。

2. 掌握篆书、隶书、草书、楷书、行书五种书体的结构特点。

3. 熟悉各种书体的代表作品，能运用专业术语向同学介绍书法作品并能用软笔或硬笔书写一首诗。

4. 加深对中国文化的理解和认同，提升艺术文化素养与文化自信。

5. 弘扬中华优秀传统文化，培养热爱祖国、自信自强、守正创新的高尚情操。

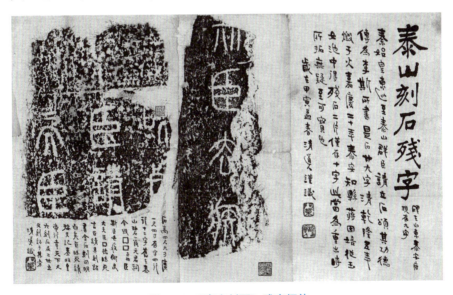

第一节   篆书之美

📖 **美的导航**

如果你去过泰山，一定对其雄奇壮观的石刻艺术印象深刻。泰山石刻历史悠久，从秦朝开始，这里便有了石刻文字的记载，其中最有名的石刻便是公元前219年秦朝丞相李斯手书的石碣《泰山刻石》。

《泰山刻石》是秦朝书法艺术的代表作，在中国书法史上占有重要的地位。该刻石用标准的小篆书写（残字拓片见图4-1），其字体的全部笔画都是粗细相同的线条，体态修长，结构匀称，疏密有度，沉稳朴拙，有一种内敛、含蓄的灵动之美，如仙子临风，仪态万方，别有一番气韵，具有极高的艺术价值和历史价值。

图4-1 《泰山刻石》残字拓片

📘 **美的探索**

在书法艺术的长河中，篆书具有开山的地位，也是最古老的文字形式。篆书主要分为大篆和小篆，殷商甲骨文、两周金文、石鼓文合称"大篆"，而小篆是大篆的简体。秦始皇统一六国后，定小篆为正体，并作为标准文字在全国推行。于是，小篆成为中国汉字史中第一个被规范化的字体，即我国最早的书体。

一、篆书的结构特点

（一）因形立意

大篆的象形字很多，表现方法也很多，大多属于因形立意，如马（见图4-2）、羊、象等写法都是很多的，分布结构的法则还没有规律化。写一个"人"字，可以表现为弯腰劳动的人，也可以表现成跪着的人。因此，在甲骨文中，字的部首形状及位置是很随意的。到了秦代，文字统一为小篆，经过整理后，才比较趋于统一，但是还保留着很多因形立意的图形文字。

图4-2　篆书"马"字的多种写法

（二）体正势圆

小篆形体平正，横画逼平、竖画必直，严紧工整。小篆从结构到运笔都是以圆为主，由于字的中心十字线拉长，如"中""天"字，因此形成很自然的椭圆形。小篆的字势，凡方折处都是弧形线，少量的字有部分的方形体势，但细细观察，仍多是方中有圆。

（三）左不见撇，右不见捺

篆字是我国一种古老的书体，不像楷体字有很多不同的变化，其基本组字的方法有点、直、弧三者，笔画粗细一致，起止都要藏锋，向左撇出的地方并不用撇，向右用捺的地方也不出捺，一概是曲笔弧线结字。

二、篆书作品赏析

（一）《峄山刻石》

《峄山刻石》（局部见图4-3）是秦代的一方摩崖石刻，又称"峄山石刻""峄山碑""峄山铭""绎山刻石""绎山石刻""绎山碑""绎山铭"等。该石刻分为两部分，前半部分刻144字，赞扬秦始皇的正义战争和统一的中央集权制封建国家给百姓带来的好处；后半部分刻79字，记录了李斯随同秦二世出巡时上书请求在秦始皇所立刻石旁刻诏书的情况。书法上，其用笔单纯齐一，藏锋逆入，圆起圆收，转角处都呈弧形，无外拓之笔；结字对称均衡，又强调在对称中求变化；章法秩序井然，具有节奏韵律感。

(二)《城隍庙碑》

《城隍庙碑》(局部见图4-4)又名《缙云城隍庙碑》,是唐代书法家李阳冰担任缙云县令时,为本县城隍庙祈雨有应之后篆刻的。该碑刻用细笔、圆笔书写,笔法瘦劲圆转,形神兼备,表现出一种内在的、深沉的、坚韧的爆发力,字体瘦中有硬,伟劲飞动,如"隍"字、"庙"字。在这一点上,李阳冰拓宽了细笔、圆笔的表现力,可以说是对唐代以前篆书书体的极大完善。

图4-3 《峄山刻石》(局部)　　　　图4-4 《城隍庙碑》(局部)

在线条的勾画上,李阳冰打破了秦朝石刻整齐、匀称的方块形排列结构,用流动、飘逸的线条和方圆并举、参差错落的不规则"构图",让篆书有了丰富的变化,甚至具有了些许草书的韵味,使篆书不仅仅停留在象形阶段,而且可以言志、抒情,从而带给人们一种只可意会、不可言传的艺术意境。

(三)《白氏草堂记》

《白氏草堂记》(局部见图4-5)是清代著名书法家邓石如的篆书作品。在这幅作品中,邓石如以隶法作篆,突破了千年来玉箸篆的樊篱,富有创造性地将隶书笔法糅合其中,大胆地用长锋软毫,提按起伏,大大丰富了篆书的用笔。因此,该作品中既洋溢着浓浓的古风,又呈现出新意;既老成持重,又清秀洒脱。

图4-5 《白氏草堂记》（局部）

作品中字体微方，线条圆涩厚重，遒劲坚挺，笔意醇厚。竖线条以曲笔居多，且弯曲的角度、大小并不相同。行笔的转折处或顺笔借势而入，或逆笔反转迂回，使得字体显得灵动而富于动感。此外，作品中的每个字的笔画边缘处或细如绒毛，或粗如锯齿，透露出很浓的刀法趣味。

🔊 知识链接

中国书法艺术常用术语

结体，亦称"结字""间架""结构"，指每个字点画间的安排与形势的布置。笔画的长、短、粗、细、俯、仰、缩、伸，偏旁的宽、窄、高、低、敏、正，构成了每个字的不同形态。要使字的笔画搭配适宜、得体、匀美，研究其结体必不可少。

笔锋，指笔毫的尖锋。姜夔《续书谱·用墨》里说："笔欲锋长劲而圆，长则含墨，可以运动，劲则有力，圆则妍美。"另外，字的锋芒，也叫"笔锋"。能将笔之锋尖保持在字的点画之中者，叫"中锋"；能藏在点画中间而不出棱角者，叫"藏锋"；将笔之锋尖偏在字的点画一面者，叫"偏锋"。

章法，指对整幅作品安排布置时，体现字与字、行与行之间呼应、照顾等关系的方法，即整幅作品的"布白"，亦称"大章法"。习惯上称一字之中的点画布置和一字与数字之间布置的关系为"小章法"，以区别于"大章法"。

墨法，亦称"血法"。前人谓水墨者，字之血也。墨过淡则伤神采，墨太浓则滞笔锋，必须做到"浓欲其活，淡欲其华"。

笔法，指写字用笔的方法。中国书法之美主要以线条来表现，勾画线条的工具都是尖锋毛笔。若要使书法的线条点画富有变化，必先讲究运笔，即在运笔时掌握轻重、快慢、偏正、曲直等方法，即"笔法"。

屋漏痕，用笔如屋壁上雨水流下的痕迹，其形凝重自然。

锥画沙，如同以锥子划沙，起止无迹，具有"藏锋"的效果，而且画痕两侧沙子匀整凸起，痕迹中正，形似"中锋"，所以，古人常用锥画沙来比喻书迹的圆浑。

折钗股，钗原系古代妇女头上的金银饰物，质坚而韧，借此形容笔迹的转折如同折弯的钗股一样，虽弯曲盘绕，但其依然圆润饱满，十分有力。

第二节　隶书之美

美的导航

隶书是一种非常灵动且古老的字体。相传其原本流行于秦朝民间，由于书写便利而被当时的隶人（劳役）和地位低微的吏役普遍使用，因此被称为"隶书"。

汉代是隶书发展的高峰期，说起汉隶，不少人首先想到的就是《乙瑛碑》（局部见图 4-6）。《乙瑛碑》是具有代表性的隶书作品，碑中的字体非常自由、奔放，线条悠扬流动，如同汉代建筑中的飞檐，带给人们一种生动、活泼的律动美感。

图 4-6　隶书《乙瑛碑》（局部）

美的探索

隶书起源于秦朝，在东汉时期达到顶峰，隶书之名源于东汉，也叫"隶字""古书"。隶书是在篆书的基础上，为适应书写便捷的需要而产生的字体，把小篆加以简化，又把小篆匀圆的线条变成平直方正的笔画。隶书分为"秦隶"（也叫"古隶"）和"汉隶"（也叫"今隶"）。广义地说，所有汉代的隶书都是汉隶，包括汉初的古隶、汉隶（狭义的汉隶）和八分书。狭义的汉隶是指西汉使用最广泛的隶书体。汉隶较古隶规范，又不像八分书那样具有装饰性，是西汉直至汉末的通用书体。隶书是汉代的代表字体，它的出现使中国的书法艺术进入了一个新的境界，是汉字演变史上的一个转折点，奠定了楷书的基础。隶书字体略微宽扁，横画长而直画短。到东汉时，撇、捺等点画美化为向上挑起，轻重顿挫富有变化，讲究"蚕头燕尾""一波三折"，书写效果比较庄重，更具书法艺术美。

一、隶书的结构特点

（一）字形方扁，左右舒展

隶书变篆书的纵势为横势，字形由修长变为方扁，上下收紧，左右舒展，笔画也从纵向的笔势向横向伸展，如图4-7所示。

图4-7　篆书中的"朱"字与隶书中的"朱"字

（二）起笔蚕头，收笔燕尾

隶书的横画在起笔时，先用力向左，再转笔往右，将笔画外形写成一种近似蚕头的形状。接着笔稍微提起，用笔的中锋向右运笔。最后收笔时，笔锋下按，再慢慢提起，向右上方挑出，使收笔处的形状像燕子的尾巴。

（三）有折无转，点画分明

隶书去掉了篆书的弧画，衍生出了更多的笔画。它将篆书中大量的圆笔转折变为直线转折，因此其起止转折处便出现了许多棱角，如隶书中"迷"字、"百"字的笔画转折。另外，点画在隶书中完全独立出来，并且种类日益丰富，有平点、竖点等。

（四）强化提顿，粗细兼备

为了美观，汉隶将撇、捺等笔画有意向上挑起，强调提、顿的动作，形成抑扬顿挫的变化，从而使其艺术欣赏价值大大提高，造型风格也趋于多样化。

二、隶书作品赏析

(一)《张迁碑》

《张迁碑》(局部见图4-8)的全称是《汉故谷城长荡阴令张君表颂》,也叫《张迁表颂》,其以格调稳重、浑厚、朴质著称于世。在运笔上,《张迁碑》以方笔为主,逆锋坚实,万毫齐力,方圆兼备,沉着饱满。横画两端都见方,粗重浑厚,竖画的起笔处方厚饱满,再调笔锋向下,使用竖锋运笔,收笔时或轻或重顿后,提笔向上回收笔锋,如"中"字。撇画的力量强劲,圆转道健,笔力畅达。

图4-8 《张迁碑》(局部)

在章法上,《张迁碑》不拘一格,生动活泼。汉代碑刻多有边框方格,字形大小一致,给人一种中规中矩的感觉,而《张迁碑》却独树一帜,通篇的字间和行间都无严格的固定距离,疏密适当。同时,字体大小参差,正斜互用,但又相互呼应。整体来看,《张迁碑》字里行间流露出率真之意,妙趣横生,神采奕然,颇有"大巧若拙"的风范。

(二)《曹全碑》

《曹全碑》(局部见图4-9)全称《汉郃阳令曹全碑》,此碑保存较为完整,字迹较为清晰,是汉代隶书中的精品代表之作,现藏于陕西西安碑林博物馆。此碑风格飘逸秀丽,笔法精妙细腻,"蚕头燕尾"特征明显,没有过多的起伏,温和含蓄,但却柔中带刚、艳而不俗。结构多取扁形横向态势,左右开张给人稳健之感,为历代书家所推崇。临习者不可只关注到此碑秀美的特色,而应在秀美的外表下发现其骨力挺拔之处,方能写出其精妙。

图 4-9 《曹全碑》(局部)

知识链接

书法艺术的审美特征

1. 笔墨之美

不同的书体对线条有不同的要求,如楷书要求线条规整敦实,行书则要求线条流畅飘逸等,粗细一致、毫无节奏感的线条也将丧失其美感,所以准确地表达出线条的节奏、质感就需要书家具有细腻的手上功夫,这也是学习书法最应具备的素质。古人云"墨分五色",即焦、浓、中、淡、清。墨的颜色虽然只有黑色,但书家则可以通过控制墨中的水分来表现丰富的墨色层次,从而使作品具有强烈的色彩层次之美。

2. 结构之美

不同的汉字有着不同的笔画数量、笔画位置、笔画形态,因而造就了丰富多样、千变万化的汉字结构。不同书体对于间架结构的审美要求是不同的。如楷书要求结构严谨肃穆,行书、草书则要求结构灵活多变等。所以,结构是否和谐是决定一个字书写成功与否的重要因素。这些或平稳、或欹侧、或险峻、或迎让、或向背的汉字结构呈现出生动自然、虚实相生、轻重协调却又不失浪漫洒脱的精神面貌,给人美的享受。

3. 章法之美

章法是指书法作品整体的构成和布局。书家需要在对作品内容准确理解的基础上运用章法布局的要领将作品表现出来。正所谓一点乃一字之规,一字乃终篇之准,即通篇需要做到首尾呼应、疏密得当、气息流畅、意蕴飞扬。这种合理的"排兵布阵"有利于巧妙地将书家的情感和审美情趣表达出来。

4. 形式之美

书法既有艺术性，也具有实用的特点，不同形式的书法作品适用于不同的场合。传统的书法作品形式有中堂、对联、条幅、扇面、册页、横幅、条屏等。书家可以通过不同的装裱手段，对作品进行进一步加工完善，使其变得更有装饰性。

第三节 草书之美

📋 美的导航

请欣赏图4-10这幅书法作品。从这幅书法作品中，你是否能感受到某种气势呢？这幅作品用笔流畅自然、拙中见巧。观赏这幅草书作品，就如同欣赏美妙的乐章，其富于节奏变化，快慢得当、悠然自得；又如同观看武林高手表演剑术，技法娴熟，节奏轻快而不浮躁，笔到力到，气势连贯流动。这幅书法作品就是王献之著名的《中秋帖》，现珍藏于北京故宫博物院。

图4-10 王献之《中秋帖》

美的探索

草书发展可分为早期草书、章草和今草三大阶段。早期草书是跟隶书平行的书体，一般称隶草，实际上夹杂了一些篆草的形体。章草是早期草书和汉隶相融的雅化草体，波挑鲜明，笔画勾连呈"波"形，字字独立，字形偏方，笔带横势，其作品见图4-11。章草起于汉代，一般认为得名于章奏。章草在汉魏之际最为盛行，后至元朝方复兴，蜕变于明朝。汉末，将章草在实用中再加以快速书写，逐渐去掉波磔，笔画连绵回绕，文字之间有连缀，成为今草。到了唐代，今草写得更加放纵，笔势连绵环绕，字形奇变百出，称"狂草"，亦名大草，其笔势相连而圆转，字形狂放多变，其作品见图4-12。今天，草书的审美价值远远超越了其实用价值。

图4-11 皇象章草《急就章》（局部）　　　图4-12 张芝今草《冠军帖》（局部）

一、草书的结构特点

（一）省减、替代

一般楷体字法要求结构部件完整，而草书则可省去很多不太重要的部件，有些部件可以以点、线代替。有一笔带过的，也有省去字中笔画的，还有省去字之外围笔画的。

（二）牵连、圆曲

在草书中，笔画与笔画之间，结构中各部件之间，往往游丝牵连，形随势生。这种牵连的结果，使草书的结构形态、笔画形态发生变革。楷体是直线、方笔，草书却是各种曲线、圆笔，曲线与圆笔使草书出现了和楷体不同的形态。

（三）合并、变符

在草书中，偏旁部首重新约定，例如楷体中的"言"字旁、"人"字旁是不同的，而草书中却常常写为同一种符号，这便是草书中合并变为符号的现象。符号逐渐被书法界所认可，成为草书的"法"。

（四）多变、神妙

草书的体势，可大可小、可长可短、可肥可瘦、可斜可正；草书的结构，点画呼应、疏密相间、以欹为正、同中求异；草书的用笔，有快有慢、有方有圆、粗细相杂、秾纤间出、变化多端。总之，草书呈现出多姿多态的变化神妙。

知识链接

匆匆不及草书

"匆匆不及草书"指时间仓促，来不及作草书。这是一种谦辞，草书占画皆有法，难度很大，不是随便写得来的。

草书是在秦末时为适应官书烦冗、军情递传的急需而产生的一种删难省繁的书体，原求易于书写。草书后来发展成为艺术，形体结构都有定则，这样就到了难学难写的地步，善书者也以能够作草书而为能事。古人常于书信之末用"匆匆不及草书""忙不及草""适迫遽，故不及草""匆匆不暇草书"等来表示"时间仓促，不能作草书为歉"之意。

晋卫恒《四体书势》云："弘农张伯英……下笔必为楷则，常曰：'匆匆不暇草书'。"清刘熙载《艺概》卷五《书概》云："欲作草书，必先释智遗形，以至于超鸿濛，混希夷，然后下笔。古人言'匆匆不及草书'，有以也。"清张廷相、鲁一贞《玉燕楼书法》云："古人云：忙中不及作草。甚哉！草书之难也。观古人之赞草书者，游云渴骥，怒猊惊蛟。又曰龙跳天门，虎卧凤阙。又曰春蛇入草，暮雁归芦。又曰轻烟淡古松，山开万仞峰。又曰古木绕枯藤，霜筠抱劲节。又曰行乎不得不行，止乎不得不止。自始至末，一笔浑成，夫岂易事！"

二、草书作品赏析

草书是一种为了书写方便，对隶书进行简化从而演变出来的字体，其打破了隶书规矩、严谨的形态，运笔速度加快，使笔画连绵回绕，甚至狂放多变。

（一）《肚痛帖》赏析

《肚痛帖》（见图4-13）是唐代书法家张旭的代表作，全帖共六行，30个字，帖中的内容是："忽肚痛不可堪，不知是冷热所致，欲服大黄汤，冷热俱有益。如何为计，非临床。"

图4-13 《肚痛帖》

这幅作品的写作过程非常有意思，似是张旭在肚痛的瞬间慌忙写下的。开头的三个字，写得还比较规正，字与字之间并不相连，但从第四个字开始，便每行一笔到底，上下映带，缠绵相连，越写越快，越写越狂，越写越奇，颠味十足。笔迹充满了紧迫性，也呈现了变幻莫测、意想不到的态势。张旭在奋笔疾书中，做到了内容与形式的完美结合，让作品极具画面感和幽默感，也将草书的情境表现力发挥到了极致。

（二）《自叙帖》赏析

《自叙帖》（局部见图4-14）被称为"中华第一草书"，是唐代书法家怀素晚年的代表作品，其内容主要是怀素写草书的经历、经验的自述，以及当时士大夫们对他书法作品的评价。《自叙帖》通篇为狂草，此帖用笔大量使用中锋，行笔过程中极少做提按的动作，以圆形线条完成书写，因此笔画遒劲秀健，力量感极强，且运笔速度快，将流动中的线条自由地表现于纸面，摆脱了传统笔法的束缚，手随心动，心手合一，给人耳目一新的感觉。结体上多以圆转取势，圆中带方，甚至塑造出如"评""满""疑"等圆的字形结构，不得不说，这是怀素打破既定规则的一种创新。布局上并非一味地采用平整的布白方式，而是大小错落相间，左右参差，上下灵活穿插，加大字里行间的摆动幅度，给人笔走龙蛇、气势磅礴、惊心动魄之感，妙不可言。

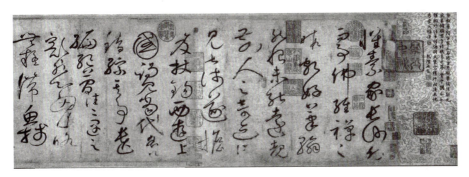

图 4 - 14 《自叙帖》（局部）

（三）《沁园春·雪》

《沁园春·雪》是毛泽东在 1936 年创作的一首词，我们在读这首词的时候，往往被词中豪情万丈的气魄所震撼，殊不知，作者还把诗词的意境通过草书的形式表达了出来，如图 4 - 15 所示。

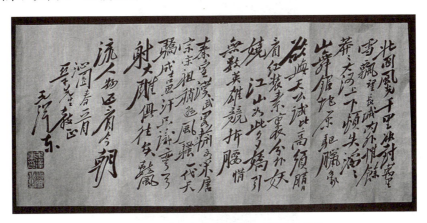

图 4 - 15 毛泽东草书作品《沁园春·雪》

第四节 楷书之美

美的导航

楷书起源于魏晋，唐朝是楷书的巅峰时期。楷书集魏晋南北朝楷法为一体，形成了字体法度森严、严谨端正而又秀美清新的风貌，犹如出水芙蓉一般，折射出唐代美学对情景交融式的"境"和"神"思想的追求。

《皇甫诞碑》（局部见图4-16）也称《皇甫君碑》，是欧阳询年轻时的作品，也是其代表作之一。欧阳询的字因结构险绝瘦峻、法度严谨而在楷书中首屈一指。此碑虽然是他早年的作品，但已具备了"欧体"的基本特点。碑中的字体用笔以方为主，紧密内敛，刚劲不挠。行笔稳畅自如，笔笔不做率意处理，谨守楷法，于平险之中追求婉丽之态。结构上多用修长的态势，内紧外松。章法上字距和行距都拉得比较大，给人以淡雅、清新之感。因此，碑中的一笔一画都成为后世临习的典范。清代书法家翁方纲称赞此碑"是碑由隶成楷，因险绝而恰得方正，乃率更行笔最见神采，未遽藏锋，是学唐楷第一必由之路也"。

图4-16 《皇甫诞碑》（局部）

📖 美的探索

楷书，又称正楷、楷体、正书或真书，是汉字书法中常见的一种字体。其字形较为方正，不像隶书写成扁形。隶书在经过章草发展为今草的同时，沿着另一条线索发展成为楷书。楷书更趋简化，字形由扁改方，笔画中简省了汉隶的波势，横平竖直。《辞海》解释楷书为"形体方正，笔画平直，可作楷模"。始于汉末，通行至今，长盛不衰。楷书的产生，紧扣汉隶的规矩法度，追求形体美的进一步发展，汉末、三国时期，汉隶的书写逐渐变波、磔而为撇、捺，且有了"侧"（点）、"掠"

（长撇）、"啄"（短撇）、"提"（直钩）等笔画，使结构上更趋严整，这说明楷书是由隶书演变而来的。楷书的发展史分为四个时期，即楷书萌芽期——两汉，楷书发展期——魏、晋、南北朝，楷书繁荣期——隋、唐、五代，楷书守成期——宋、元、明、清。楷书的名家很多，如"欧体"（欧阳询）、"虞体"（虞世南）、"颜体"（颜真卿）、"柳体"（柳公权）、"赵体"（赵孟頫）等。它是现代通行的字体。

一、楷书的结构特点

（一）疏密得当，穿插停匀

楷书的笔画具有合适的长度和粗细，结体紧凑而适中。一般来说，楷书的字体会呈现出上紧下松（如"学"字）、内紧外松（如"泉"字）、左紧右松（如"载"字）的特点。同时，楷书通过对笔画的巧妙穿插，使得笔画之间留白均匀，有透气的空隙。

（二）主次分明，重心平稳

楷书中，字的笔画和结构具有主、次之分，某些笔画、部首通常要让位于那些对字体有关键作用或重要意义的笔画。例如，"陈"字的双耳旁让位于右边对字的本义有重要意义的"东"；"文"字的点画和横画让位于对字体结构起关键作用的撇画和捺画；"通"是形声字，"甬"为它的声旁，因此"通"字的"走之儿"让位于对字音有关键作用的"甬"。

此外，楷书中的一些字还会有一个或两个起支撑作用的"主笔"，这对字的姿势起着决定作用，如"色"字下方的竖弯钩画、"千"字的横画、"牙"字的竖钩画。无论这些字的笔画多少，其都是依靠"主笔"这个关键部位来平衡重心，从而达到方正均衡、四平八稳。

（三）向背适宜，自然和谐

汉字中左右结构的字具有相向或相背的特点，所以楷书对于相向的结构就避实就虚，让字的各部分融洽组合、紧凑协调，如"我"字；对于相背的结构就让其点画呼应，不互相脱离，如"兆"字、"非"字，如图 4-17 所示。另外，楷书根据汉字的形态和立意，遵循"大不缩小、小不放大、高不压矮、矮不拔高、斜不摆正、正不歪斜"的原则来结字布势，整体上大小均匀、布局工整，呈现出自然、和谐、统一的字体形态特点。

图 4-17 楷书中的"我"字、"兆"字、"非"字

二、楷书作品赏析

（一）《九成宫醴泉铭》

《九成宫醴泉铭》（局部见图4-18）是唐代书法家欧阳询晚年得意之作。记述了唐太宗在九成官避暑时发现醴泉之事。现位于陕西麟游县九成宫遗址，是我国国宝级文物之一。此碑点画瘦劲，风骨凛凛，同时又不失丰润，行笔一丝不苟，收笔之处带有隶书的笔意。结构取势大方得体，多用修长的态势，法度严谨，内紧外松，疏密对比强烈。章法上，字距和行距都拉得比较大，给人散淡清心之感，神采飞扬。正因此碑法度森严，一点一画都成为后世模范，故后人学习楷书往往以此碑作为临习范本。

（二）《颜勤礼碑》

《颜勤礼碑》（局部见图4-19）全称《唐故秘书省著作郎夔州都督府长史护军颜君神道碑》，现藏于陕西西安碑林博物馆。此碑为唐代书法家颜真卿成熟时期代表作之一。此碑已基本将初唐时期的楷书法度淡化，用笔一改唐楷瘦硬之风，取而代之的是雄浑丰润，尽显大丈夫之气。用笔上横细竖粗，对比非常鲜明，方圆并用，转折果敢清晰。结字宽博疏朗，骨架开阔，体势外拓，气势雄强。章法上外紧内松，行距和字距以及边白都较窄，视觉冲击力强烈，气势逼人，将"颜体"厚重、宽博、挺拔和雍容大度的风采展现得淋漓尽致。

图4-18 《九成宫醴泉铭》（局部）

图4-19 《颜勤礼碑》（局部）

（三）《玄秘塔碑》

《玄秘塔碑》（局部见图4-20）为柳公权晚年所作，是最能体现"柳体"特点的作品之一。柳公权的楷书横竖大致均匀，笔画瘦硬。从整体上看，碑中字体瘦不露骨，沉着挺拔，气度雍容，神气清爽。结体方而略长，呈左欹之势，精严紧敛，端庄俊丽，集"欧体"之方与"颜体"之圆，顿挫有力，撇画锐利，捺笔粗重，细微之中极富变化。清代书法家王澍认为《元秘塔碑》"故是诚悬极矜练之作"。此碑流传极广，同样也成为后人学习楷书的入门范本。

图 4-20　《玄秘塔碑》（局部）

第五节　行书之美

美的导航

据张怀瓘《书断列传》说："按行书者，后汉颍川刘德升所造也。行书即正书之小伪。务从简易，相间流行，故谓之行书。"行书是介于今草与楷书之间的一种字体，可以说是楷书的草化或草书的楷化。行书的笔势不像草书那样潦草，也不要求像楷书那样端正。楷法多于草法的叫"行楷"，草法多于楷法的叫"行草"。行书大约产生在东汉末年今草与楷书盛行的时候，它近于楷而不拘谨，近于草而不放纵，笔画连绵而各守独立，清晰、易认好写。王羲之将行书的实用性和艺术性最完美地结合起来，从而创立了光照千古的行书艺术，其作品见图 4-21。

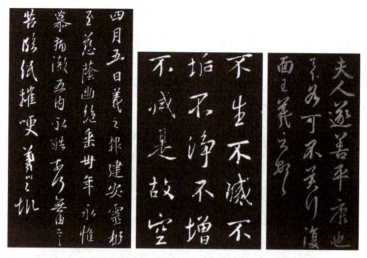

图 4-21　王羲之行书作品

美的探索

一、行书的结构特点

（一）动静结合，收放自如

行书有草书之动，有楷书之静，笔毫常处在行动的状态，起笔、收笔有停顿而无太大的停顿，一笔与一笔之间常常连带，存在着或明、或暗、或实、或虚的联系。行书比楷书放纵，比草书收敛，有静有动，有繁有简，意趣无穷。常常是左收右放、上收下放，或者左放右收、上放下收，变幻自然。

（二）富有节律，简便易用

行书在结体上具有草书的简便结构，将楷书中的重复笔画加以省损，再加上连带变形等方法，加速书写的速度，易识易写；下笔收笔、起承转合大都顺势而为，又能虚实变化，形成节律韵味。

（三）大小相兼，疏密得体

每个字呈现大小不同，存在着一个字的笔与笔相连、字与字之间的连带，既有实连，也有意连，有断有连，顾盼呼应。一般是上密下疏、左密右疏、内密外疏，中宫紧结，凡带框的字留白越小越好。布局上字距紧压，行距拉开，跌仆纵跃，苍劲多姿。

二、行书作品赏析

（一）《祭侄文稿》

《祭侄文稿》（见图 4-22）是唐代书法家颜真卿追祭从侄颜季明的草稿，书于唐乾元元年（758年）。本帖通篇用笔情如潮涌，书法气势磅礴，纵笔豪放，一泻千里，常常写至枯笔，更显得苍劲流畅，其英风烈气，不仅见于笔端，而且悲愤激昂的心情流露于字里行间。此帖用笔极为精妙，纯用中锋行笔，一改中侧并用的传统用笔方法，刚中带柔，娴熟稳健，采用大量枯笔，书写时思如泉涌，肝肠寸断，悲愤至极，速度极快，这也显现出书家技艺之高超。结构上，扬抑、刚柔、向背、收放也被运用得生动自然。很多字仍保有颜体字开阔博大的取势特点，文章通篇充斥着浓烈的正义之气，尽显雄浑刚健的神韵。

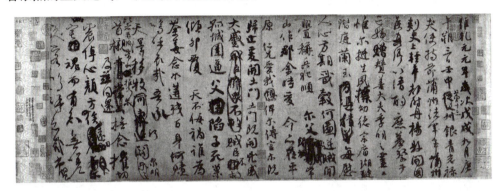

图4-22　《祭侄文稿》

（二）《兰亭序》

《兰亭序》（见图4-23）又名《兰亭集序》《临河序》，是东晋书法家王羲之的行书作品。文中记叙兰亭周围山水之美和聚会的欢乐之情，抒发作者对于生死无常的感慨。《兰亭序》书法潇洒飘逸，引人入胜。用笔上中侧锋并用，有时信笔直下，有时锋芒毕露，有时又纤微备至，于细微处见精神。用墨上浓淡得宜，层次分明。布局上藕断丝连，提按顿挫，相映成趣。整个作品构思奇妙而又端庄含蓄，法度严整而又顾盼生姿，自然流畅，气势贯通，极富韵律感和动态美，受到后人的高度评价，被公认为"天下第一行书"。

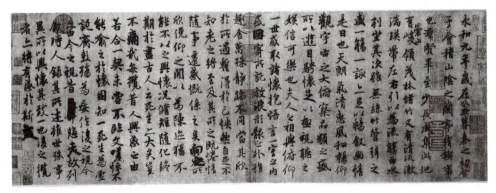

图4-23　《兰亭序》

（三）《黄州寒食诗帖》

　　《黄州寒食诗帖》（见图 4－24）为苏轼所作，当时他受"乌台诗案"的牵连而被贬黄州（今湖北黄冈），因此写下了帖中的《寒食诗》二首。该帖的书法与诗相得益彰，满纸身世颠沛之悲、家国不宁之沧，字字含泪，感人至深。帖中字的大小随着作者感情的起伏波动而变化，表现出不同的节奏变化：前三列的字大小变化悬殊，但运笔还没有完全放开；从第四列起，运笔速度如快，字体变大；从第八列起，字体明显放大，运笔更加奔放急促，如同奔腾的江河，气势连贯，可见作者的心中激情已澎湃到了极点，长时间的压抑之情一发不可收拾；到末尾的几个字，字体又缩小且趋向工整，首尾呼应。整幅作品犹如一曲旋律跌宕起伏的交响乐，震撼人心。

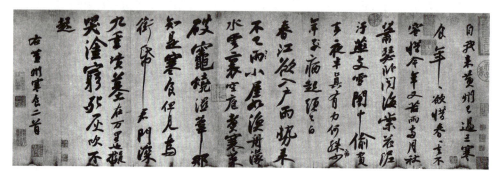

图 4－24　《黄州寒食诗帖》

 ## 艺术实践活动

　　1. 有人说："行书如人悠然行走，楷书如人潇洒奔跑，草书如人端正站立。"你认为这种说法对吗？请带着这个问题赏析下列楷书、行书和草书作品。

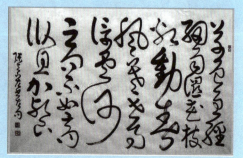

楷书　　　　　　　行书　　　　　　　　　草书

2. 古往今来，因写草书而出名的书法家数不胜数，有关草书的趣闻轶事也非常丰富。请同学们收集一些关于草书的成语、故事或者自己最喜欢的草书作品，然后进行创意构思和创作，在班级组织一次学习成果展示会（展示的形式不限，可以介绍名家作品或名家故事，也可以展示临摹的名家作品，还可以展示自己创作的书法作品等）。

3. 随着信息技术的发展和移动终端的普及，人们的交流方式与学习方式发生了根本变化，汉字书写能力日益削弱，对此你有何看法？假若学校举行一次与此话题相关的辩论赛，请你列出一个辩论提纲。

第五章

美育之文学美

中国文学有数千年的悠久历史，随着朝代的更替，凭借着特殊的内容、形式和风格以独特之姿绽放：汉之盛在赋、唐之盛在诗、宋之盛在词、元之盛在曲。中国文学凭借着自己的审美理想、思想文化传统和理论批判体系，以悠久的历史、多样的形式、众多的作家、丰富的作品、独特的风格、鲜明的个性、诱人的魅力而成为世界文学宝库中光彩夺目的瑰宝。

学习目标

1. 了解我国文学发展历史脉络及各阶段的文体形式。
2. 掌握诗经、诗词、元曲、小说各文体语言表达的不同特点。
3. 能够运用所学知识欣赏文学作品，感悟文学之美。
4. 提升民族自豪感，焕发强烈的历史自觉和主动精神。
5. 培养热爱祖国、为全面推进中华民族伟大复兴而团结奋斗的责任感和使命感。

第一节　诗经之美

美的导航

在我国数千年文学长河中，《诗经》是一股静静流淌的清泉，带给我们最原始的感动，带给中国文学最丰富的滋养。《诗经》似乎离我们很远，古奥素朴之文辞、儒家经典之地位，不免让人肃然起敬，但当下的人们很少愿意去逐页翻阅、细细品读。其实，《诗经》就在我们身边，在常用的成语中，在美好的名字里，在偶然抒怀的笔墨间，在不经意哼起的歌声里；她是让君子一生向往的秋水伊人，更是代言华夏风雅的窈窕淑女。让我们一同走近《诗经》，去了解她的时代和源流，在名篇佳作的分类鉴赏中，去感受其温柔敦厚的人文精神以及古朴典雅的艺术魅力。

美的探索

《诗经》，又称"诗三百"，是我国第一部诗歌总集。这本诗集共收集了自西周初年到春秋中叶（公元前 11 世纪至公元前 6 世纪）大约五百年间的诗歌 305 篇，共四万余字。另外，还有六篇仅见名目而不存文辞，宋代学者朱熹将其称为"笙诗"。《诗经》产生于今黄河、渭水两岸及江汉之北。这些诗歌的作者姓名多不流传，可考证者极少，绝大部分篇章当为集体所作。《诗经》之成书大约为周代史官采编，据说曾由孔子校订整理。

一、诗经的类别

《诗经》全书分为风、雅、颂三部分，一般认为，这是按照音乐来划分的。因为《诗经》的诗篇当初都是乐歌，由于曲调的特点不同，因此划分为三类，后来乐谱失传，仅留歌词，我们今天看到的不过是一部乐曲歌词的底本。

《诗经》的艺术特色，首先体现在它的现实精神。其 305 篇中，大多数是反映现实的作品。这些诗篇不仅生动地展现了社会的历史、政治、劳动、战争、恋爱等各个方面的真实情况，而且还写出了人们对生活的感受，以及心中的期盼。也正因为它的现实性，我们在数千年后再次读到《诗经》中那些形形色色的人物或故事时，仍能想到当时的社会情景，仍能被他们的喜怒哀乐深深感染。

除了关注现实的特点，《诗经》在形式体裁、语言技巧、艺术形象和表现手法等方面都颇具特色，显示出我国第一部诗歌总集在艺术上之巨大魅力。

风，即十五国风，共有160篇，为各诸侯国的土风歌谣，带有浓郁的地方色彩，相当于我们今天意义上的"民歌"和"地方小调"。十五国风分别是位于东区的《齐风》，位于南区的《周南》《召南》《陈风》，位于西区的《秦风》和《豳风》，位于北区的《魏风》和《唐风》，以及位于中区的《郑风》《卫风》《邶风》《鄘风》《王风》《桧风》《曹风》。

雅，为西周王畿的乐调，共有105篇。王畿，即都城地区，也就是渭水流域地区。为什么称这一地区的乐调为雅诗呢？有以下两种解释：其一，"雅"同"夏"，周称西周的王畿为"夏"，雅乐就是"夏乐"，夏乐就是王畿乐调；其二，雅者，正也，雅乐即正乐，当时称诸侯国的地方音乐为俗乐，周天子的都城是全国的中心，出于尊王观念，便把王畿之乐称为"正乐"。这两种解释都有一定的道理。雅诗可分为《大雅》和《小雅》，分别为31篇和74篇。除《小雅》中有少量民歌外，大部分是贵族文人的作品。

颂，是王室宗庙祭祀时所用的舞曲歌词，内容多为赞美神灵或祖先之功德。颂诗共有40篇，其中周颂31篇，产生于王畿地区、渭水流域，是西周初年的作品；4篇鲁颂和5篇商颂则都是东迁以后到春秋中叶之间的作品，产于鲁国和宋国。

二、赋、比、兴的运用

赋、比、兴的运用，既是《诗经》艺术特征的重要标志，也是我国古代诗歌创作的基本手法。

（一）赋

赋，按朱熹《诗集传》中的说法："赋者，敷也，敷陈其事而直言之者也。"也就是说，赋是直接的叙述和反复的铺陈，它是最基本的表现手法之一。我们先以《卫风·伯兮》为例，来体会"赋"之"直接叙述"：

> 伯兮朅兮，邦之桀兮。伯也执殳，为王前驱。
> 自伯之东，首如飞蓬。岂无膏沐？谁适为容？
> 其雨其雨，杲杲出日。愿言思伯，甘心首疾。
> 焉得谖草？言树之背。愿言思伯，使我心痗。

这是描写妻子思念远行出征的丈夫的一首叙事诗。全诗紧扣一个"思"字，以娓娓道来的赋法行文，讲述了丈夫为何要出征远方，自己为何会"首如飞蓬"，以及见到天气的转变，为何又"甘心首疾"。在叙述的过程中，无处不流露着妻子的真情。前四句以夸夫开篇，是仰慕之爱；次四句述无心梳妆，是别离之怅；再四句兴气象变幻，是思念之苦；末四句求忘忧萱草，是忧郁之疾。随着叙事的步步推进，抒情亦层层深化，这种以赋写心、以赋言情的叙事方法，使人物形象更加生动而真实。

赋的"反复铺陈"特征在《诗经》中比比皆是，如《硕鼠》《伐檀》《月出》等诗，多为重章或叠句的形式，其间只改动少数几个字，这种语言重复的艺术效果能够带来语意上的强调和情绪上的推升，给人留下非常深刻的印象。赋的手法对后来的汉赋文学产生了深远的影响。

（二）比

比，朱熹解释为"以彼物比此物"，即比喻之意。《诗经》中用比喻的地方很多，手法也富于变化。如《氓》，写一个勤劳善良的妇女哀诉她被遗弃的不幸遭遇，即用桑树从繁茂到凋落的变化来比喻爱情的盛衰；又如《鹤鸣》一诗用"他山之石，可以攻玉"来比喻治理国家要任用贤人；再如《卫风·硕人》篇："手如柔荑，肤如凝脂，领如蝤蛴，齿如瓠犀，螓首蛾眉。巧笑倩兮，美目盼兮。"这一段是对卫庄公夫人庄姜美好容貌的描写，后来成为歌咏美人的千古传诵佳句。其妙处正在于一系列比喻的连续运用：尖尖的十指就像茅草芽儿般柔嫩；雪白的肌肤就像凝固的膏脂一般光滑；颈像那蝤蛴一样既白且长；牙齿像那瓠瓜子儿一样齐整洁白；螓儿一般的方额、蚕蛾触须一样的细眉；浅笑盈盈，眼睛黑白分明顾盼生波。这一连串的比喻使庄姜的形象更为逼真传神，宛如一幅栩栩如生的美人图。

（三）兴

兴，本义是"起"。朱熹解释《诗经》中的"兴"为"先言他物以引起所咏之辞"，也就是借助其他事物为所咏之内容作铺垫。它往往用于一首诗或一章诗的开头。大约最原始的"兴"，只是一种发端，同下文并无意义上的联系，表现出思绪无端的飘移联想。赋和比都是古今中外一切诗歌最基本的表现手法，而兴则是以《诗经》为滥觞的中国诗歌的独特之手法。

进一步说，"兴"又兼有比喻、象征、烘托等具有实在意义的用法。但正因为"兴"原本是由思绪无端的飘移联想产生的，所以即使有了比较实在的意义，也不是那么固定僵板的，而是虚灵微妙的。

如《周南·关雎》的首句"关关雎鸠，在河之洲"，原是诗人借眼前景物以兴起下文"窈窕淑女，君子好逑"的；但雎鸠和鸣，也可以比喻男女求偶，或男女间的和谐恩爱，只是它的喻义不那么明白确定。

又如《桃夭》一诗，开头的"桃之夭夭，灼灼其华"，写出了春天桃花开放时的美丽景象，可以说是写实之笔，也可以理解为对新娘美貌的暗喻，又可说这是在烘托结婚时的热烈气氛。

由于"兴"是这样一种微妙的、可以自由运用的手法，因此后代喜欢诗歌含蓄委婉之韵致的诗人，对此也就特别有兴趣，各自逞技弄巧，翻陈出新，创造出了中国古典诗歌的一种特殊韵味。

诚然，关于"赋""比""兴"并非只有朱熹这一种说法，《升庵诗话》中则表述为"叙物以言情谓之赋，情物尽也。索物以托情谓之比，情附物也。触物以起情谓之兴，物动情也"，可供我们参考。

在创作过程中，表现手法经常相互渗透，《诗经》对后世历代诗人的创作所产生的影响，也是极其深远的。像辞赋中的"铺陈"即是由"赋"发展而来，楚辞中的"隐喻"便是"比"的延续；而"兴"，则成为后来咏怀诗等诸体的起源。

三、《诗经》的文体和语言特征

《诗经》的基本句式为四言，间或杂有二言至九言的各种句式，以二节拍的四言句为主干，可以想象当时演唱《诗经》的音乐旋律应该是较为徐缓而简单的。加之重章叠句和双声叠韵的语言特征，使其更具有回环往复的韵律之美。诚然，《诗经》中也有个别诗篇是以杂言为主的，比如《伐檀》，但只占极小的份额。至汉代以后，四言诗虽然一直还有人写，但已不再是一种重要的体裁了，反而在辞赋、颂、诔、铭等特殊的韵文文体中运用得比较普遍。

《诗经》多采用叠章的形式，即各章的内容和意义基本类同，只在字面上做出少许的改动，以表现动作的进程或情感的变化。比如《国风·召南·鹊巢》：

> 维鹊有巢，维鸠居之。之子于归，百两御之。
> 维鹊有巢，维鸠方之。之子于归，百两将之。
> 维鹊有巢，维鸠盈之。之子于归，百两成之。

全诗三章，一共只换了六个动词，生动地描述了新郎迎娶新娘的过程。复沓回环的结构、灵活多样的用词，不仅使三章诗文互为补充，在意义上形成一个整体，还使人们在吟咏时营造出一唱而三叹的效果。这是歌谣的一种特点，可以借此强化感情的抒发效果，所以在《国风》和《小雅》的民歌中使用最为普遍。《诗经》中诗章重叠的现象并非只有这一种，还有如《郑风·丰》般，一篇之中存在两种叠章者，或是如《周南·卷耳》般，一篇之中既有重章也有非重章者等。

《诗经》的叠句也有多种，比如《豳风·东山》中四章皆用同样的语句开头，《周南·汉广》中三章则都以同样语句收尾；又比如《召南·江有汜》，在同一诗章中，既有重章，又有叠句。

《诗经》中的叠字，我们又称为重言。比如《小雅·伐木》中象声词的运用，"伐木丁丁，鸟鸣嘤嘤"；又如《小雅·采薇》中以"依依""霏霏"，状柳、雪之姿等。此外，双声叠韵的手法也运用得比较频繁，如"参差""踊跃""委蛇""绸缪"等，这些词的使用让《诗经》的语言更具有音乐之美。

音乐美的形成还得益于押韵的运用。《诗经》中最常见的押韵方式为一章之中只用一个韵部，隔句押韵，韵脚落于偶句。这种押韵法对后世诗歌影响很大，运用最为普遍。此外，还有句句用韵和中途换韵等现象。只有极少数的诗篇为无韵之作。

《诗经》的语言不仅具有音乐美，还有着丰富、准确、生动、形象、简明、朴实等诸多特点，往往能"以少总多""情貌无遗"（《文心雕龙·物色》）。

第二节　唐宋诗词

美的导航

每个中国人或许都是在唐宋诗词的陪伴下长大的。小时候，从"床前明月光，疑是地上霜"开始牙牙学语；长大一些后，从"春眠不觉晓，处处闻啼鸟"中懂得了冬去春来；再往后，从"此去经年，应是良辰好景虚设，便纵有千种风情，更与何人说"中明白了离别的苦涩……唐宋诗词于我们，从来不是纸上冷冰冰的文字，而是我们每个人的生活和情感；是我们每个人从心里、从岁月里长出来的句子。同时，作为中国古典诗歌巅峰的唐宋诗词，在唐宋人的精神生活中也扮演了不可或缺的重要角色。本节就让我们从那些春花秋月、侠气豪情的诗句出发，一起去探寻唐宋人的精神家园。

美的探索

唐代与宋代是华夏文明两个登峰造极的朝代，前者政治军事力量强大、经济发达、思想文化开放，开创了"大唐盛世"的繁荣景象；后者承前而来，在文学、艺术、科技、思想等方面都取得了辉煌的成就，用陈寅恪先生的话说，实乃"华夏文明造极"之世。唐之诗、宋之词，既是两个朝代成就最高的"一代之文学"，更是两个朝代各自社会历史的缩影，唐宋两代涌现出的杰出文人、优秀作品的数量之多，为中国文学史上所仅见，唐宋诗词里蕴积的思想情感的深度和厚度，也让千载之下的读者含英咀华、回味无穷。这既是唐宋诗词的魅力，亦是唐宋两代文明的魅力。

一、唐诗之美

（一）唐诗的形式

唐诗是中华民族最珍贵的文化遗产之一，是中华文化宝库中的一颗明珠。唐诗的形式和风格丰富多样、推陈出新。它不仅继承了汉魏民歌、乐府传统，并且大大发展了歌行体的样式；不仅继承了前代的五言、七言古诗，并且发展为叙事言情的鸿篇巨制；不仅扩展了五言、七言形式的运用，还创造了风格优美、结构整齐的近体诗。

唐代古体诗又称古风，其对音韵格律的要求比较宽松：一首之中，句数可多可少，篇章可长可短，韵脚可以转换。唐代近体诗又称格律诗，其对音韵格律的要求比较严格：一首诗的句数有限定，即绝句四句、律诗八句，每句诗中用字的平仄声有一定的规律，韵脚不能转换，还要求中间四句为对仗。近体诗是当时的新体诗，它的创造和成熟，是唐代诗歌发展史上的一件大事。它把我国古曲诗歌的音节和谐、文字精练的艺术特色推到前所未有的高度，为古代抒情诗找到一个最典型的形式，至今还为人们所喜闻乐见。

（二）唐诗的分期

初唐时期：这一时期的代表作家是"初唐四杰"——王勃、杨炯、卢照邻、骆宾王。他们的诗文虽未脱齐梁以来绮丽余习，但已初步扭转文学风气。初唐诗人的另一个代表人物是陈子昂，他提出了"一扫六代纤弱，重建建安风骨"的革新诗歌主张。在文风上，初唐时期的作品气象万千、雄浑博大，已经从南北朝狭隘的宫体诗（既指一种描写宫廷生活的诗体，又指在宫廷所形成的一种诗风）中逐渐走了出来，开辟了新的世界。

盛唐时期：这一时期社会经济繁荣，国力强盛，唐诗发展至巅峰时期。该时期唐诗题材广阔，流派众多，出现了"边塞诗派""山水田园诗派"等派别。伟大的浪漫主义诗人李白和沉郁的现实主义诗人杜甫，是这一时期最杰出的代表。他们的诗雄视千古，为一代之冠，在他们的笔下，无论是五律七律、五绝七绝还是古风歌行，皆取得很高的艺术成就，正如韩愈所说"李杜文章在，光焰万丈长"。该时期脍炙人口的名篇佳作不胜枚举，如王维的《相思》、孟浩然的《春晓》、李白的《静夜思》《梦游天姥吟留别》《将进酒》、杜甫的《春望》《三吏》《三别》等。

中唐时期：该时期白居易、元稹发起了新乐府运动。白居易提出"文章合为时而著，歌诗合为事而作"的进步理论主张，其诗明白晓畅，通俗易懂，深受人们喜爱，代表作有《长恨歌》《琵琶行》等；元稹的代表作有《菊花》《离思五首》《遣悲怀三首》等。此外，刘禹锡、李贺也颇有成就。

晚唐时期：该时期较著名的诗人有温庭筠、李商隐、杜牧、韦庄等。其中，李商隐和杜牧被称为"小李杜"。

（三）唐诗的派别

从诗歌题材来看，唐诗的派别主要有山水田园诗派和边塞诗派。

山水田园诗派的题材多为青山白云、幽人隐士，风格多恬静雅淡，富于阴柔之美，形式多五言古诗、五言绝句、五言律诗，代表作品有王维的《山居秋暝》和孟浩然的《过故人庄》等。

　　边塞诗派的诗有的描写战争与战场，表现保家卫国的英勇精神；有的描写雄浑壮美的边塞风光、奇异的风土人情；有的描写战争的残酷、军中的黑暗、征戍的艰辛，表达对和平的向往和忧国忧民的情怀。边塞诗派的代表作品有高适的《燕歌行》《蓟门行五首》《塞上》《塞下曲》、岑参的《白雪歌送武判官归京》、王昌龄的《出塞》、李益的《从军北征》、王之涣的《凉州词》、李颀的《古意》等。

　　从诗歌风格来看，唐诗的派别主要有浪漫诗派和现实诗派。

　　浪漫诗派以抒发个人情怀为中心，多咏唱对自由人生、个人价值的渴望与追求，风格多自由、奔放、顺畅、想象丰富、气势宏大，主张语言自然，反对雕琢，代表作品有李白的《月下独酌四首》《梦游天姥吟留别》《蜀道难》等。

　　现实诗派多表现忧时伤世、悲天悯人的情怀，风格多沉郁顿挫，代表作品有杜甫的《登高》《春望》《客至》《三吏》《三别》《兵车行》等。

诗家天子（另一种说法是"诗家夫子"）、七绝圣手：王昌龄，其七绝写得"深情幽怨，音旨微茫"。

诗仙：李白，其诗想象丰富奇特，风格雄浑奔放，色彩绚丽，语言清新自然。

诗圣：杜甫，其诗紧密结合时事，思想深厚，境界广阔。

诗佛：王维，其不少诗歌中有浓厚的佛教禅宗意味，以禅入诗。

诗鬼：李贺，其诗善于熔铸词采，驰骋想象，且运用神话传说创造出璀璨多彩的形象。

诗魔：白居易，其作诗非常刻苦，"酒狂又引诗魔发，日午悲吟到日西"。

诗豪：刘禹锡，其诗沉稳凝重，格调自然。

诗囚：孟郊，其作诗苦心孤诣，惨淡经营。

诗奴：贾岛，其一生以作诗为命，好刻意苦吟。

二、宋词之美

（一）宋词的特点

在中国古代文学的阆（làng）苑里，宋词是一座芬芳绚丽的园圃。她以姹紫嫣红、千姿百态的神韵，与唐诗争奇，与元曲斗艳，历来与唐诗并称双绝，都是一代文学之盛。

词是音乐文学，是一种句式长短不齐的用以配乐歌唱的抒情诗，即先有了曲谱，然后再"倚声填词"。按长短规模，词大致可分小令（58字以内，不分上下阕）、中调（59～90字）和长调（91字以上，最长的词达240字）。一首词，有的只有一段，称为单调；有的分两段，称为双调；有的分三段或四段，称为三叠或四叠。宋词的句子有长有短，便于歌唱。因是合乐的歌词，故又称曲子词、乐府、乐章、长短句、诗余、琴趣等。

（二）词牌的来源

每首词都有一个表示音乐性的词牌，又叫词调，用来规定词的音律。正所谓"调有定句，句有定字，字有定声"。

词一定要有词牌，如《菩萨蛮》《满江红》。而关于词牌的来源，通常有以下三种情况。

1. 乐曲的名称

有些词牌本来是乐曲的名称，如《菩萨蛮》。相传唐代大中初年，女蛮国进贡，她们梳着高髻，戴着金冠，满身璎珞（yīng luò，身上佩挂的珠宝），看起来像菩萨，当时的教坊因此谱成《菩萨蛮》曲。据说唐宣宗爱唱《菩萨蛮》词，可见是当时风行一时的曲子。此外，《西江月》《风入松》《蝶恋花》等都属于这一类，来自民间的曲调。

2. 摘取一首词中的几个字作为词牌

有些词牌是摘取了一首词中的几个字，如《忆秦娥》。因为依照这个格式写出的最初一首词开头两句是"箫声咽，秦娥梦断秦楼月"，所以词牌就叫《忆秦娥》，又叫《秦楼月》。类似地，《忆江南》原名《望江南》，但因白居易有一首咏"江南好"的词的最后一句是"能不忆江南"，所以词牌又叫《忆江南》；《如梦令》原名《忆仙姿》，改名《如梦令》是因为后唐庄宗所写的《忆仙姿》中有"如梦，如梦，残月落花烟重"等句；《念奴娇》又叫《大江东去》，这是由于苏轼有一首《念奴娇》，其第一句是"大江东去"。

3. 词的题目

有些词牌本来就是词的题目。例如，《踏歌词》咏的是舞蹈，《舞马词》咏的是舞马，《欸乃曲》咏的是泛舟，《渔歌子》咏的是打鱼，《浪淘沙》咏的是浪淘沙，《抛球乐》咏的是抛绣球，《更漏子》咏的是夜……这种情况是最普遍的，凡是词牌下面注明"本意"的，就是表明词牌同时也是词题，也就不再另拟题目了。

（三）宋词的派别

按照风格划分，宋词的派别主要可分为婉约派（包括花间派）和豪放派。

"婉约"一词，早见于先秦古籍《国语·吴语》的"故婉约其辞"，"婉"为柔美、婉曲；"约"的本义为缠束，引申为隐约、微妙。"婉约"之名颇能概括一大类词的特色。从晚唐五代到温庭筠、冯延巳、晏殊、欧阳修、秦观、李清照等，一系列词坛名家的词风虽不无差别、各擅胜场，但大体上都可归于婉约范畴。

婉约派词的内容多写男女情爱、离情别绪、伤春悲秋、光景流连，其风格多为婉丽柔美、含蓄蕴藉、情景交融、声调和谐，一般结构深细缜密，重视音律谐婉，语言圆润，清新绮丽，具有柔婉之美，代表作品有李煜的《虞美人·春花秋月何时了》、晏殊的《浣溪沙·一曲新词酒一杯》、柳永的《如梦令·常记溪亭日暮》、李清照的《雨霖铃·寒蝉凄切》等。

> **知识链接**
>
> #### 虞美人·春花秋月何时了
>
> ［五代］李煜
>
> 春花秋月何时了？往事知多少。
>
> 小楼昨夜又东风，故国不堪回首月明中。
>
> 雕栏玉砌应犹在，只是朱颜改。
>
> 问君能有几多愁？恰似一江春水向东流。

【赏析】

此词是五代十国时期南唐后主李煜在被毒死前所作的词,堪称绝命词。此词是一曲生命的哀歌,作者通过自然永恒与人生无常的尖锐矛盾的对比,抒发了亡国后顿感生命落空的悲哀。全词语言明净、凝练、优美、清新,以问起、以答结,由问天、问人转而自问,凄楚中不无激越的音调和曲折回旋的艺术结构,作者沛然莫御的愁思贯穿始终,形成别样的美感效应。

"豪放"一词其义自明。宋初李煜的"金锁已沉埋,壮气蒿莱"(《浪淘沙》),已见豪气。范仲淹的《渔家傲·秋思》也是"沉雄似张巡五言"。正式高举豪放旗帜的是苏轼,其《江城子·密州出猎》抒发了自己"亲射虎,看孙郎"的豪迈和"会挽雕弓如满月,西北望,射天狼"的壮志,与辛弃疾的"马作的卢飞快,弓如霹雳弦惊"(《破阵子·为陈同甫赋壮词以寄之》)及"看试手,补天裂"(《贺新郎》)等"壮词"先后辉映,使得豪放之作在词坛振起雄风,彰显了强烈的爱国主义精神,唱出了当时的时代最强音。

然而,可以看到,苏轼的审美观念认为"短长肥瘦各有态""淡妆浓抹总相宜""端庄杂流丽,刚健含婀娜"。他是崇尚自由而不拘一格的,他提倡豪放是崇尚自由的一种表现,然而也不拘泥于豪放一格。

总的来说,豪放派词的特点是创作视野较为广阔,气势恢宏,磅礴大气,语词宏博,用典较多,代表作品有苏轼的《江城子·密州出猎》、辛弃疾的《破阵子·为陈同甫赋壮词以寄之》、陆游的《卜算子·咏梅》等。

第三节　元曲之美

美的导航

元曲是中华民族文化宝库中一枝灿烂的花,在思想内容和艺术成就上都体现了独有的特色,和唐诗、宋词、明清小说鼎足并举,是我国文学史上一座重要的里程碑。

元曲的兴起对于我国诗歌的发展、文化的繁荣有着深远的影响和卓越的贡献，同其他艺术之花一样，元曲一出现就立即显示出旺盛的生命力。它不仅是文人咏志抒怀得心应手的工具，而且为反映元代社会生活提供了人民群众喜闻乐见的崭新艺术形式。

美的探索

一、元曲概述

元代是元曲的鼎盛时期。一般来说，元杂剧和散曲合称为元曲，是元代文学的主体。不过，元杂剧的成就和影响远远超过散曲，因此也有人认为"元曲"单指杂剧。

继唐诗、宋词之后成为一代文学之盛的元曲有其独特的魅力：一方面，元曲继承了诗词的清丽婉转；另一方面，元代社会使读书人位于"八娼九儒十丐"的地位，政治专权，社会黑暗，这使元曲放射出极为夺目的战斗的光彩，透出反抗的情绪，锋芒直指社会弊端，直斥"不读书最高，不识字最好，不晓事倒有人夸俏"的社会，直指"人皆嫌命窘，谁不见钱亲"的世风。元曲中描写爱情的作品也比历代诗词来得泼辣、大胆。这些均足以使元曲永葆其艺术魅力。

元杂剧得以呈一代之盛，从艺术发展和社会现实两个方面提供了契机。从艺术的自身发展来看，戏剧经过漫长的孕育和迟缓的流程，已经有了很厚实的积累，在内部结构和外在表现上都臻于成熟。恰恰此时的传统诗文，在经历了唐宋的鼎盛与辉煌之后，走向衰微。在有才华的艺术家眼里，剧坛艺苑是一块等待他们去耕耘的新土地。从社会现实方面来看，元朝统治者废除了科举制度，不仅断绝了知识分子跻身仕途的可能，而且把他们贬到低下的地位——只比乞丐高一等，居于普通百姓甚至娼妓之下。这些修养颇高的文化人被迫沉入社会底层，在疏远经史、冷淡诗文的无可奈何之中，他们只有到勾栏瓦舍去打发光阴和寻求生路。于是，新兴的元杂剧意外地获得一批又一批的专业创作者。他们有一个以"书会"为名的行业性组织，加入书会的剧作家，称为"书会先生"。这些落魄文人在团体内，既合作又竞争，共同创造着中国戏剧的黄金时代。与从前的偏于抒发主观心绪意趣的诗词不同，元杂剧以广泛反映社会为己任。显然，这是由于作家们长期生活于闾巷村坊，对现实有着深切的了解和感受的缘故。

在元代近百年的时间里，杂剧创作风靡全国，作家云起，涌现出一批成就卓著的戏剧作家和演员，剧本成千上万、洋洋大观。著名的剧作家有被誉为"元曲四大家"的关汉卿、郑光祖、白朴、马致远等。重要的作品有《窦娥冤》（关汉卿）、《单刀会》（关汉卿）、《望江亭》（关汉卿）、《倩女离魂》（郑光祖）、《梧桐雨》（白朴）、

《汉宫秋》（马致远）等。伟大的戏剧家王实甫创作了被称为"天下夺魁"的《西厢记》，成为元代戏曲最高成就的代表。

二、元曲鉴赏

（一）王实甫与《西厢记》

王实甫的生卒年及生平事迹均不可考，但他为我们留下一部不朽的杰作《西厢记》。《西厢记》的故事出自唐代元稹（779—831 年）的小说《莺莺传》。小说讲述了书生张生游学蒲州，与寄居普救寺的崔相国之女崔莺莺相恋，后进京赴试，将她遗弃。王实甫改写了这个始乱终弃的悲剧，让张生与崔莺莺相互爱慕，为争取爱情自由，在婢女红娘的热情帮助下，共同与崔老夫人进行斗争，最后相偕出走。该剧对青年男女幽会、私奔行为的大胆描绘，以及剧终时"愿普天下有情的都成了眷属"的祝福，都明确宣告了自主婚姻的合法性，尽管它仍属于才子佳人式的一见钟情。在封建正统观念看来，一见钟情本身，也是十足的叛逆。颇具说服力的团圆结局，成为中国戏曲的常用模式。它体现了中国人热爱生活、追求理想的精神气质，对民族的文化心理构成有着重要意义。

戏剧性与抒情性的完美结合，使《西厢记》成为一部文学价值很高的作品。在诗情画意的氛围中，矛盾起伏跌宕。张生的热烈执着、崔莺莺的含蓄矜持、红娘的机灵俏皮，都写得活灵活现。尤其是作者怀着民主思想刻画的红娘，以自己的聪明机智、泼辣爽朗，不但为崔莺莺、张生穿针引线，传书递简，而且在私情败露的紧要关头，不畏家法挺身而出，维护着崔、张的爱情。因此，红娘这个美好亮丽的形象，在后世成了热心撮合男女恋爱婚姻者的共名。

（二）关汉卿与《窦娥冤》

关汉卿，元大都（今北京）人，号已斋，生卒年不详，元代杂剧作家，中国古代戏曲创作的代表人物。因不满于黑暗社会的压抑与摧残，关汉卿长期"混迹"在勾栏妓院，在戏剧天地纵横驰骋，发挥着自己的才能。他自称是"普天下郎君领袖，盖世界浪子班头"，并形容自己犹如"蒸不烂、煮不熟、槌不匾、炒不爆、响当当一粒铜豌豆"。在他玩世不恭的背面，隐藏着冷峻悲凉的内心世界和热烈乐观的战斗精神。关汉卿写作勤奋，一生共著杂剧 67 部，今存 18 部，其中"旦本"戏占 12 部。他那贴近现实、充满血肉之感的笔触，诉说着社会民众的困苦与无奈，又将一腔悲悯的情怀倾洒在被污辱的女性身上。最脍炙人口的作品是《窦娥冤》。

《窦娥冤》取材于汉代流传下来的民间故事——"东海孝妇"。关汉卿结合自己在现实生活中的体认，精心构制了这个大悲剧。窦娥因家贫被卖给蔡家做童养媳，丈夫早死，婆媳相依为命。流氓张驴儿闯入这个家庭，胁迫窦娥婆媳嫁给他们父子为妻，遭到窦娥严词拒绝。张驴儿欲毒死蔡婆，结果反毒死了自己的父亲，便嫁祸给窦娥。昏聩的州官严刑逼供,将窦娥屈打成招并处死。违法的人并未得到制裁,而守法的人却被"法纪"夺了性命,戏剧的锋芒直指酷虐的封建统治。当窦娥幻想破灭,她愤怒地呼喊出:"为善的受贫穷更命短,造恶的享富贵又寿延。天地也,做得个怕硬欺软,却原来也这般顺水推船。地也,你不分好歹何为地!天也,你错勘贤愚枉做天!"窦娥的责天问地,也是关汉卿的呼喊,代表着不屈从于现实命运的浩然正气。元杂剧多充溢着一种郁闷、愤懑的情绪,这是在异族统治下的元代作家目睹种种黑暗现实后的自然流露。但关汉卿在《窦娥冤》中表达的是对整个社会的否定与诅咒般的诘难,具有无可辩驳的深刻性。

(三)《汉宫秋》

《汉宫秋》全名《破幽梦孤雁汉宫秋》,为元代马致远作的历史剧,元曲四大悲剧之一,全剧四折一楔子。《汉宫秋》的主角是汉元帝,写西汉元帝受匈奴威胁,被迫送爱妃王昭君出塞和亲。作品通过他对文武大臣的谴责和自我叹息来剖析这次事件。作为一国之主,他连自己的妃子都不能保护,以致酿成一幕生离死别的悲剧。作者第四折浓墨细笔地描写了元帝与昭君的生离死别,是怎样地使元帝悲怆凄恻,愁思郁结,无可排解。作者尽力刻画了风流皇帝温柔多情的一面,让他尽情倾吐了由生离死别而郁结于胸的哀痛。皇帝的温柔多情,不仅仅以其真挚深沉的感情引起观众对他的同情和怜悯,而且还能激励读者认真思索:为何堂堂天子,大汉皇帝,连自己的爱妃都无力保全?

第四节　明清小说

美的导航

你可曾为《三国演义》里的权谋征战而五体投地?可曾为《水浒传》里的英雄豪气而心驰神往?可曾为《西游记》里的神魔故事而想落天外?可曾为《红楼梦》里的爱情悲剧而扼腕叹息?当诗词文学度过唐宋黄金时期而走向式微之际,小说、戏剧等俗文学却在明清两代大放异彩。明清是中国小说史上的繁荣时期,小说作品数量多、题材广、艺术手法各异,塑造了一系列生动、典型的人物形象,讲述了许多传奇、动人的故事。与此同时,这些作品还给我们再现了明清时代的社会风貌和百姓生活，它们多姿多彩、包罗万象，从而走进千家万户，成为大家至今都津津乐道的文学经典。

美的探索

　　小说是以刻画人物形象为中心，通过完整的故事情节和环境描写来反映社会生活的文学体裁。与其他文学样式相比，小说的容量大，可以详细地展现人物性格和人物命运，可以表现错综复杂的矛盾冲突，还可以描述人物所处的社会生活环境，展现整体的、广阔的社会图景。小说根据字数的多少可以分为微型小说（数百至几千字）、短篇小说（几千至三万字）、中篇小说（三万至六万字）、长篇小说（六万字以上），篇幅不同，小说的容量大小、人物多寡、情节繁简、线索数量等都不一样。另外，根据题材内容，中国的古代小说又可以分为讲史小说、神魔小说、世情小说、侠义公案小说等不同的类别。

一、《三国演义》

　　讲史小说《三国演义》是我国第一部章回体长篇小说，对其后的小说创作具有"示范"的意义。《三国演义》描写的是东汉末年到西晋初年之间近一百年的历史风云。全书反映了三国时代的政治军事斗争及各类社会矛盾的渗透与转化，概括了这一时代的历史巨变，塑造了一批叱咤风云的英雄人物。全书可大致分为黄巾起义、董卓之乱、群雄逐鹿、三国鼎立、三国归晋五大部分。在广阔的历史舞台上，上演了一幕幕气势磅礴的乱世纷争。

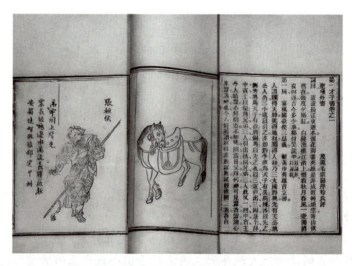

清代善成堂朱墨套印刻板《三国演义》

　　《三国演义》以陈寿的正史《三国志》为蓝本，却又不拘泥于史实，其"七分真实，三分虚构"的演义，正好迎合了读者的阅读趣味。需要特别指出的是：《三国演义》里虚构的传奇故事，并非成于一人一时，而是经历了漫长的发展过程。这一发展过程也是早期中国长篇小说独特的成书过程：世代累积型集体创作。

罗贯中，名本，字贯中，号湖海散人，浙江钱塘人（一说山西太原人），他在陈寿《三国志》和裴松之注的基础上，广泛吸收民间传说和话本、戏曲故事，写成《三国志通俗演义》。其书最早可见的版本出现在明弘治七年（1494 年），全书二十四卷，分二百四十回，起于汉灵帝中平元年"祭天地桃园结义"，终于晋武帝太康元年"王濬计取石头城"，前后共九十七年。题曰"晋平阳侯陈寿史传，后学罗本贯中编次"。

《三国演义》书中出场人物达一千多人，是我国古代文学中描写人物最多的一部作品。而且主要人物的性格都鲜明突出，如诸葛亮的料事如神，关羽的忠肝义胆，曹操的狡诈阴险，都给读者留下了深刻的印象。

二、《水浒传》

讲史小说的另一个优秀代表是《水浒传》。关于《水浒传》的作者学界至今仍无定论，一说为罗贯中，一说为施耐庵，一说为施作罗编，一说为施作罗续。《水浒传》的版本情况也比较复杂，有一百回、一百一十五回、一百二十回，还有金圣叹"腰斩"后的版本，不一而足，除了"腰斩"本以外，其他的版本繁简有别，内容、结尾也不尽相同，当是早期版本在后世流传中被不断增改的结果。

名著《水浒传》

《水浒传》的主要内容其实就是讲述各个英雄好汉被"逼"上梁山，最终发展为大规模起义军的过程，表现了"官逼民反"这一社会矛盾，深刻反映出北宋末年的政治生态和社会状况。《水浒传》的艺术成就，最突出的地方就在于塑造了一系列生动鲜明的绿林好汉形象，如勇武有力的打虎好汉武松、足智多谋的智多星吴用、憨直爽朗的黑旋风李逵、路见不平的石秀等。《水浒传》的结构是纵横交错的复式结构。除了起义军的发生、发展和失败的全过程这根主线以外，主要人物的故事是如串珍珠般连缀着一个接一个出场的，既相对独立又自成一体。这些故事在结构上纵横开阖，各具特色，同时又是整个水浒故事的有机组成部分，其中有很多著名的桥段，情节生动曲折，深受读者喜爱，如鲁智深三拳打死镇关西、林冲风雪山神庙、智取生辰纲、武松打虎、时迁盗甲等。另外，与《三国演义》半文半白的语言比起来，《水浒传》纯用白话文写成，语言更加口语化、俚俗化，更易于阅读，《水浒传》开了白话长篇章回体小说的先河。

《三国演义》与《水浒传》作为中国最早的两本讲史类长篇章回小说，奠定了有别于西方的中国古代长篇小说的特殊形式和风格，为广大人民所喜闻乐见，形成了中华民族特有的长篇小说阅读的审美心理和鉴赏习惯。受到这两部小说的激励，明朝嘉靖以后，各种历史演义如雨后春笋，不断问世，据不完全统计，今存明、清两代的历史演义有一两百种之多，大家比较熟悉的有《东周列国志》《隋唐演义》《残唐五代史演义》《英烈传》等。

三、《西游记》

神魔小说或写神魔之争，或涉及妖魔鬼怪。《西游记》是中国文学史上最杰出的一部充满奇思异想的神魔小说。吴承恩运用浪漫主义的手法，以丰富的想象力，为我们描绘了一个神奇绚丽的神话世界，成功地塑造了孙悟空这个本领通天的理想化的英雄形象，并且呈现了一系列妙趣横生、引人入胜的神魔斗法故事。此外，这个妖怪精灵的世界虽然千姿百态，却并没有让我们觉得遥不可及，这是因为作者在奇幻的世界中巧妙地寄寓了世态人情和世俗人心。法力高强却又争强好胜的孙悟空，爱打小报告、好吃懒做的猪八戒，耳根软、斯文懦弱的师父唐僧，老实巴交、任劳任怨的沙和尚，怀有各种贪嗔痴念的妖怪，他们虽然都披着精怪的外衣，但却实实在在有着人的各种优点和缺点、欲望和执念，因此显得鲜活生动，具有丰满的现实血肉和浓郁的生活气息。这种"幻"与"真"相结合的艺术手法，是《西游记》最有特色、最为成功的地方。

《西游记》的艺术想象奇特、丰富、大胆，在古今小说作品中罕有匹敌，它在人物、情节、场面，包括神魔们的武器、法宝、神通上，都极尽幻化之能事，它所创造的神魔世界接近于童话幻境，千奇百怪，丰富多彩，十分有趣。在中国古典小说中，《西游记》可以说是趣味性和娱乐性最强的一部作品了，人物对话总是幽默诙谐、

甘肃省天祝藏族自治县东大寺经堂壁画西游记（局部）

清光绪十八年刊本 西游记插图之孙悟空画像

妙趣横生，妖精们的言行也往往呆萌有趣，虽然取经路上充满艰难险阻，妖精魔怪层出不穷，师徒四人屡陷险境，但读者的阅读体验始终是轻松愉悦的，并没有太多紧张感和沉重感。

《西游记》的出现开辟了神魔长篇章回小说的新门类，自此之后，明代出现了写作神魔小说的高潮，并且还出现了《西游记》的续作、后传、仿作，可见影响之大。《西游记》也深受外国读者喜爱，不仅有多种语言的译本，还有很多西游题材的电影、动画片，它的影响已经走向了世界。

由于神魔小说充满幻想，情节离奇，能给读者巨大的想象空间，让读者获得精彩有趣的阅读体验，因此深受读者喜爱。

四、《红楼梦》

《红楼梦》是明清世情小说的巅峰之作，同时也是中国古典小说的巅峰之作。《红楼梦》又名《石头记》，乾隆中期时，以手抄本的形式在民间流传，但不知何种原因，只有前八十回内容，作者为曹雪芹。后有书商程伟元组织人续写了后四十回，将其凑成完整的故事，以一百二十回版本排印发行，续书之人存疑，后世多以为是高鹗。程伟元排印的一百二十回《红楼梦》被红学界称作"程本"。

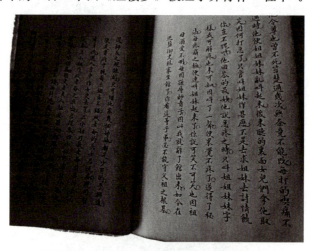

清乾隆五十四年 舒元炜作序红楼梦（手抄本）

《红楼梦》以贵族公子贾宝玉与林黛玉、薛宝钗之间的恋爱和婚姻悲剧为主线，写出了贾、王、史、薛四大家族的兴衰。虽然从内容上看，《红楼梦》也不外乎"才子佳人"类小说，但它的寓意深远，通过男女主人公的悲剧命运表达了对社会人生的认识与感慨，具有震撼人心的力量。尤其书中以"金陵十二钗"为代表的女性，她们的举止见识远胜于一般的男子，但无一例外都以悲剧结尾，她们的遭遇在激起读者强烈的同情之余，也促使读者去思考这个悲剧产生的根源，或许这正是这部悲剧的价值所在。

《红楼梦》塑造了成群的有血有肉的个性化的人物形象，小说中有姓名的人物有几百人之多，很多都给人留下了深刻印象，贾宝玉、林黛玉、薛宝钗、王熙凤等更是成为千古不朽的典型形象。

清 改琦《红楼梦图咏》中的林黛玉和薛宝钗

作为小说，《红楼梦》在叙事艺术上较传统写法有了全面的突破与创新，它彻底地摆脱了说书体通俗小说的模式，极大地丰富了小说的叙事艺术，对中国小说的发展产生了深远影响。作者以独特的视角去审视现实人生，又以独特的方式把自己的感知艺术地表达出来，形成了写实与诗化、理想与真实完美融合的独特的叙事风格。

《红楼梦》首次颇具现代意味地采用了作者与叙述者分离的双重叙事模式，主视角不是作者，而是作者创造的虚拟化的叙述人，作者则退居幕后，声称自己不过是此书的"披阅增删"者，只在作背景介绍及发表看法时站出来作补充说明，这种双层叙述构架及两个叙述人的设定，在中国小说史上是第一次，并且很具超前性。全书站在那块"无才补天""幻形入世"的石头（即贾宝玉的佩玉）的角度来叙述故事，石头具有亲历者、过来人、知情人、目击者、旁观者的多重身份，因此叙事可以在第一人称和第三人称中自由切换，这就取代了说书人单一的全知全能角度的叙述。

《红楼梦》还大量使用了象征手法，采用诗词、灯谜、谐音等方式引领读者去体会弦外之音，参透人物的命运，既让小说具有李商隐诗歌的含蓄、朦胧之美，又为读者留下了更多的想象空间，引起几百年来不断的猜想、思索。此外，在情节安排上，作者还采用了"草蛇灰线，伏脉千里""注此写彼，手挥目送"的方法，一块汗巾、一张手帕、一次争吵、一次无心之语……都可能为将来的情节做好铺垫，有些伏笔的结局在前八十回中未来得及展开，因此它们在八十回之后的最终走向，也成为读者津津乐道、长久探索的话题，这也让《红楼梦》具有了"蒙娜丽莎"般永恒神秘的魅力。

总之，明清两代的世情小说，或着重写情爱婚姻，或主要叙家庭纠纷，或广阔地描绘社会生活，或专注于讥刺儒林、官场、青楼，内容丰富，色彩斑斓。世情小说另有如《醒世姻缘传》《镜花缘》《蜃楼志》《平山冷燕》《品花宝鉴》《海上花列传》《玉娇梨》等。

 艺术实践活动

1. 在传统节日举办一次小型诗歌散文朗诵会，或以春夏秋冬为题收集自己喜爱的文学作品，在班级开展一次"文学作品赏析汇报会"。

2. 随着信息技术的发展和移动终端的普及，网络文学兴起，在线阅读也越来越普及，有人说，网络文学将取代传统文学，纸质书籍将会被淘汰，对此你有何看法？假若学校举行一次与此话题相关的辩论赛，你能列一个辩论提纲吗？

3. 方文山曾说："宋词是最接近流行音乐的古文。"请找出宋词在现代歌词中的应用例子，或是学习《虞美人·春花秋月何时了》《水调歌头·明月几时有》《如梦令》的经典传唱，并在班会上进行表演。

第六章

美育之艺术美

艺术是对自然和生活进行审美反映的一种文化类型。从本质上看，艺术美是以自然和生活为基础，通过对自然美和生活美的提炼和加工创造出来的一种美。相对于自然美而言，艺术美中不仅加入了思想美的元素，而且精神美更为浅显和突出，因而，艺术美不仅给人的审美影响积极强烈，而且能鼓舞人的精神、增强人的信念等；相对于生活美而言，艺术美更加集中和典型，给人的情感与精神影响更为直接和强烈。

学习目标

1. 熟悉绘画、音乐、舞蹈、戏剧和电影艺术的基本要素和审美特性。
2. 掌握绘画、音乐、舞蹈、戏剧和电影艺术的基本类型及欣赏方法。
3. 了解绘画、音乐、舞蹈、戏剧和电影艺术各种类型的代表作品。
4. 能够运用所学知识欣赏各类艺术作品、感悟艺术之美。
5. 培养学生视觉艺术感，推动文明培育，推进城乡精神文明建设融合发展。
6. 培养学生发现美和创造美的能力，提高审美情趣。

第一节　绘画艺术

美的导航

《富春山居图》是元代画家黄公望晚年的作品（见图6-1），也是中国古代水墨山水的杰作。这幅堪称山水画最高境界的长卷描绘了富春江两岸的秀丽景色，画作在"景随人迁，人随景移"的精心构思中，为我们呈现了富春江一带的秋初景色：丘陵起伏，峰回路转，云烟掩映村舍，水波出没渔舟。在清初此画曾被焚烧为两段，后段称《无用师卷》，现藏台北故宫博物院，前段称《剩山图》，藏于浙江省博物馆，2011年《剩山图》赴台北展出，和《无用师卷》得以重逢，是两岸文化友好交流的见证。

图6-1　黄公望《富春山居图》（局部）

美的探索

一、绘画艺术发展概述

（一）国画艺术发展

1. 秦汉时期的绘画

我们今天能够见到的先秦绘画很少，主要原因是当时的大部分绘画都绘制在易于腐烂的木质或布帛上。幸运的是，在长沙的楚墓中先后出土了两幅战国时期的带有旌幡性质的帛画（见图 6-2），它们都是公元前 3 世纪的作品。两画描绘的都是墓主的肖像，一幅为妇人，其上方绘有飞腾的龙凤；另一幅则是一位有身份的男子，驾驭着一条巨龙或龙舟。当时的绘画达到如此高的艺术境地，令世人惊叹。

图 6-2　长沙楚墓帛画

2. 魏晋南北朝时期的绘画

魏晋南北朝是中国画的滥觞期，这一时期真正意义上的中国画出现了。此时人物肖像画是主要的创作主题。顾恺之提出"传神写照"的理论，要求绘画作品应注重表现人物的风貌、气质，开中国画重"气韵"之先河。东晋顾恺之的《洛神赋图》是这一时期的重要作品（见图 6-3）。

图 6-3　晋顾恺之《洛神赋图》（局部）

3. 隋唐时期的绘画

隋唐是中国画发展的一个高峰。初唐时的人物画发展最显眼，山水画则沿袭隋代的细密作风，花鸟画开始崭露头角，宗教绘画的世俗化倾向逐渐明显。盛唐时期是中国绘画发展史上一个空前繁盛的时代，不仅出现了一些艺术巨匠，而且风格焕然一新。以张萱为代表的人物仕女画（见图6-4），由初唐的注重政治事件描绘转为注重日常生活描写，无论题材、造型、心理刻画，还是细节描写都超过前代。随着山水画获得独立地位，涌现了如李思训、李昭道、吴道子（其画作见图6-5）和张璪等一批风格迥异的画家。牛马画也诞生了曹霸、韩干（其画作见图6-6）、陈闳、韩滉、韦偃等一批名家。著名画家王维更是名重一时。中晚唐的绘画在传承盛唐风格的同时，不断开拓新的领域，以周昉为代表的人物仕女画及宗教画更见完备。

图6-4　唐代《簪花仕女图》（局部）

图6-5　吴道子《八十七神仙卷》（局部）

4. 五代的绘画

五代中国画风格为之一变。北方，荆浩和关仝开创了雄伟壮美的全景式山水。南方以董源、巨然为代表的江南画派则善于表现平淡天真的江南风景（见图6-7）。

图6-6　韩幹《牧马图》

董巨画风在元后逐渐流行，对中国画风格发展产生巨大影响。花鸟画坛出现了黄筌的精工富丽和徐熙的天然逸趣两种画风的分野，一直影响数个朝代的花鸟画风格。

图6-7　董源《潇湘图》（局部）

5. 宋代的绘画

在整个中国画风格演变中，宋代是一个极为重要的时代。文人画带来的审美观念变化是导致中国画风格演变的重要原因。宋代山水创作一度繁荣。北宋崇"北宗"，上承唐之青绿山水和荆关的全景山水。至南宋的山水画的代表人物主要是号称"南宋四家"的李唐、刘松年、马远、夏圭。他们各自在继承前代的基础上有所创造，山水画画风为之一变，出现"一角半边"式的构图及所谓"院体"画风（马远《踏歌图》见图6-8），对后世山水创作有极为重要意义。黄筌与黄居寀父子的"黄家富贵"已经占据画院主流并为宫廷所推崇。徐熙的"野逸"只好于民间发展，其孙徐崇嗣继其祖业，创"没骨法"。别具一格，另外，宋徽宗赵佶的精笔水墨花鸟（其画作《瑞鹤图》见图6-9）是一种新的创造。宋代画家不拘成法，以写生为基础，创造出大量生动多样的艺术精品。

图6-8　马远《踏歌图》（局部）

图6-9　赵佶《瑞鹤图》

6. 元代的绘画

　　元代带来的审美意识的变异，给中国画的发展带来深刻的影响。元代中国画风格总的发展趋势是重视在古代传统的继承上创新立意，突出表现就是文人画开始占据画坛的主导地位。因此，适合于表现文人画家意识的山水画和枯木竹石、梅、兰以及墨笔花鸟大量涌现，人物故事画相对减少。随着文人画的繁荣，绘画作品中诗、书、画进一步密切结合而且成为普遍的风尚。这加强了中国画的文学趣味，更好地体现了中国画的民族特色。元代虽然时间不长，但是在绘画上却是名家辈出，有赵孟頫、黄公望、王蒙、倪瓒、吴镇等。

7. 明代的绘画

中国画在明代产生了许多流派，各派又在创作和理论上自成体系。以吴门画派为代表的文人写意水墨画（见图6-10），在元代传统基础上形成了新风尚。山水题材重意趣和文雅淡逸。写意花鸟继元代后大胆创新，变化突出，对后世影响深远。晚明又有董其昌（其画作见图6-11）提出文人画的"南北宗论"之说，将文人画推为至尊，对清代山水画风格产生了深远影响。

图6-10　沈周《庐山高图》　　　　　图6-11　董其昌山水立轴

8. 清末民初时期的绘画

清代的文人画日益占据画坛主流，山水画的创作以及水墨写意画盛行。清初"四王"（王时敏、王鉴、王原祁、王翚）受朝廷扶植，成为画坛正统派，他们以摹古为主旨，崇尚董其昌和元四家，讲求笔墨之韵，影响整个清代山水画坛。同时"四僧"（弘仁、髡残、朱耷、石涛）和龚贤领导的"金陵派"等反传统画家在江南兴起，他们主张抒发个性，因此作品风格新颖独特，感情真挚，其中"四僧"贡献最为突出，对后世影响也最大。"康乾盛世"时期，宫廷绘画在朝廷扶持下活跃一时，"扬州画派"兴起于扬州地区，接过石涛、朱耷的"反传统"旗帜，以革新的面貌现于画坛。他们钟爱梅、兰、竹、菊等题材和泼墨大写意手法，他们的艺术对近现代花鸟都产生了深远影响。扬州画派代表人物郑板桥作品见图 6-12。

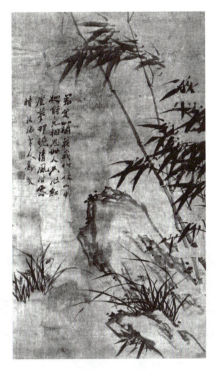

图 6-12　郑板桥作品

9. 新中国的绘画

1949 年，中华人民共和国的成立标志着中国进入了一个新的历史时期，许多已有成就的老画家的艺术臻于成熟，如张大千的《长江万里图》（见图 6-13），一批新人也开始登上画坛。特别是 20 世纪 80 年代伊始，美术界冲破多年的思想禁锢，各种思潮迭起，流派纷呈，涌现出一大批优秀的美术家。他们以独特的面貌延续了数千年美术史的辉煌，创作了众多经典的艺术杰作。

图 6-13　张大千《长江万里图》（局部）

（二）西方绘画艺术发展

西方绘画以油画为主要画种，在西方绘画艺术中占有非常重要的地位，产生了众多灿若星辰的艺术大师，绘制出无数精美的艺术作品。

1. 文艺复兴时期的绘画

中世纪后产生了欧洲文艺复兴运动（14 世纪至 16 世纪）。文艺复兴时期艺术的显著特点是关注现实与人文，在追溯古希腊、古罗马的精神旗帜下，创造了最符合现实人性的崭新艺术。

意大利是文艺复兴的中心地，14—15 世纪，乔托、马萨乔等把人文思想与对自然的真实描绘相结合，显示了与中世纪不同的现实主义风格，其代表作有《逃亡埃及》和《犹大之吻》（见图 6-14）等。乔托被视为西方绘画的开创性大师，他是第一个把写实风格和明暗远近法结合起来的艺术家。

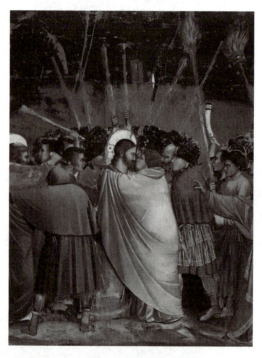

图 6-14　乔托《犹大之吻》

15 世纪末至 16 世纪中叶，出现了"美术三杰"——达·芬奇、米开朗琪罗、拉斐尔。达·芬奇（1452—1519 年）是一位思想深邃、学识渊博、多才多艺的艺术大师、科学巨匠、工程师和发明家，他在很多领域都做出了巨大的贡献。他一生的绘画作品并不多，但都是不朽之作。壁画《最后的晚餐》、祭坛画《岩间圣母》和肖像画《蒙娜丽莎》是他的三大杰作，也是他留给世界艺术宝库的珍品中的珍品。

米开朗琪罗（1475—1564 年）不仅是伟大的雕塑家、画家，还是一位了不起的建筑家、军事工程师和诗人。其著名作品有西斯廷教堂天顶壁画《创世纪》、壁画

《最后的审判》及雕塑《被缚的奴隶》《垂死的奴隶》和《大卫》等。米开朗琪罗代表了欧洲文艺复兴时期雕塑艺术的最高峰，他创作的人物雕像雄伟健壮，气魄宏大，充满了无穷的力量。他的大量作品显示了写实基础上非同寻常的理想加工，成为整个时代的典型象征。他所塑造的英雄既是理想的象征又是现实的反映，这些都使他的艺术创作成为西方美术史上一座难以逾越的高峰。

拉斐尔（1483—1520 年）是意大利文艺复兴时期最伟大的画家之一。他一生创作了不少作品，其风格代表了当时人们最崇尚的审美趣味，其中《西斯廷圣母》（见图 6-15）和《教皇利奥十世》等成为后世古典主义者不可企及的典范。

图 6-15 拉斐尔《西斯廷圣母》

这一时期出现的提香、乔尔达内等威尼斯画派画家，注重光与影的表现，追求享乐主义的情调，对后世产生了深远影响。

2. 17—18 世纪的绘画

17 世纪的西方绘画开创了一个生机勃勃的新局面。最具代表性的是巴洛克、古典主义、学院派和写实主义几个流派。

巴洛克风格起源于意大利，后风靡全欧，其特点是追求激情和运动感的表现，强调华丽绚烂的装饰性，佛兰德斯的鲁本斯是巴洛克绘画的代表人物（其画作见图 6-16），同时代的现实主义大师如荷兰的伦勃朗、西班牙的委拉斯贵支等，也在一定程度上具有巴洛克的特点。古典主义强调理性、形式和类型的表现，忽视艺术家的灵性、感性和情趣的表达。写实主义拒绝遵循古典艺术的规范以及"理想美"，也不愿意对自然进行美化，即忠实地描绘自然。

图 6 - 16　鲁本斯《海伦娜·弗尔曼肖像》

18 世纪，西方画坛洛可可风格兴盛一时，其特点是追求华丽纤巧和精致。代表画家有法国的华托、布歇和弗拉戈纳尔。随着 1789 年法国资产阶级大革命的到来，进步的美术家们又一次重振了古希腊、古罗马的英雄主义精神，开展了一场新古典主义艺术运动。其代表画家是法国的大卫和安格尔。浪漫主义随着新古典主义的衰落而兴起。法国热里柯的《梅杜萨之筏》被视为浪漫主义绘画的开山之作，这一运动的主将是德拉克洛瓦，其绘画色彩强烈，用笔奔放，充满强烈激情，代表作有《希阿岛的屠杀》和《自由引导人民》等。

3. 19 世纪的绘画

这一时期，法国绘画在欧洲起着主导性作用。法国绘画的发展大致分为新古典主义、浪漫主义、现实主义、印象主义、新印象主义和后印象主义等阶段。

19 世纪中期是现实主义蓬勃兴旺的时期。法国画家库尔贝是现实主义的倡导者，他的代表作《奥尔南的葬礼》堪称绘画中的"人间喜剧"，而《石工》（见图 6 - 17）则深刻揭示了社会的矛盾，表现了作者对劳动人民的同情。

19 世纪后期产生的印象派以创新的姿态出现，反对当时已经陈腐的古典学院派的艺术观念和法则，受到现代光学和色彩学的启示，注重在绘画中表现光的效果。代表画家有马奈、莫奈、德加、毕沙罗、雷诺阿、西斯莱等。继印象派之后出现了以修拉和西涅克为代表的新印象派和以塞尚、梵高和高更为代表的后印象派。其中

图 6-17　库尔贝《石工》

梵高的绘画着力于表现自己强烈的情感，色彩明亮，线条奔放；高更的画多具有象征性的寓意和装饰性的线条与色彩；塞尚的绘画则追求几何性的形体结构，因而被尊称为"现代艺术之父"。

4. 20 世纪的绘画

20 世纪以来，现代美术呈现出流派迭起、千姿百态的局面。1905 年诞生的以马蒂斯为代表的野兽派绘画，强调形的单纯化和平面化，追求画面的装饰性。1908 年崛起的以毕加索和布拉克为代表的立体派绘画继承了塞尚的造型法则，将自然物象分解成几何块面，从而从根本上挣脱了传统绘画的视觉规律和空间概念。随着德国 1905 年桥社和 1911 年蓝骑士社的先后成立，表现主义作为一种重要流派登上画坛，他们注重表现画家的主观精神和内在情感。1909 年，意大利出现了未来主义美术运动，画家热衷于利用立体主义分解物体的方法表现活动的物体和运动的感觉。抽象主义的美术作品于 1910 年前后产生，其代表画家有俄罗斯画家康定斯基（其画作见图 6-18）和荷兰画家蒙德里安，而两人又分别代表着抒情抽象和几何抽象两个方向。

第一次世界大战期间产生了达达主义思潮，这一流派的艺术家不仅反对战争、反对权威、反对传统，而且否定艺术自身，否定一切。杜尚将达·芬奇的《蒙娜丽莎》画上胡须，并将小便池作为艺术品。随着达达主义运动消退，在此基础上出现了超现实主义艺术思潮。此派画家以柏格森的直觉主义、弗洛伊德的精神分析学和梦幻心理学为理论基础，力图展现无意识和潜意识世界。其绘画往往把具体的细节描写与虚构的意境结合在一起，表现梦境和幻觉的景象。代表画家有马格利特、达利、米罗等。

图 6 - 18　康定斯基《构图七》

第二次世界大战后，在美国产生的以波洛克（其画作见图 6 - 19）、德·库宁为代表的**抽象表现主义**绘画，综合了抽象主义、表现主义的特点，强调画家行动的自由性和自动性。20 世纪 50 年代初萌发于英国、50 年代中期鼎盛于美国的**波普艺术**，继承了达达主义精神，作品中大量利用废弃物、商品招贴、电影广告和各种报刊图片作拼贴组合，故又有新达达主义的称号。代表人物有美国画家约翰斯、劳生柏、沃霍尔等。

图 6 - 19　波洛克《1948 年第 5 号》

知识链接

缤纷炫目的油画世界

油画凭借颜料的遮盖力和透明性来充分表现描绘对象，多种颜色调和，可以画出丰富、逼真的色彩，像色彩缤纷的梦。色调是油画的精髓，是统领，是指挥，是对审美对象全部色彩的总体感觉。更明确地讲，色调就是对象在共同光源和环境条件下，色彩间相互对比、相互影响而形成的物象色彩的有机整体。

李奥尼德·阿夫列莫夫是调色的高手，他主要用调色刀与天然油料的搭配在画布上作画。其绘画技巧、色彩上的层次运用纯熟浑厚，令人惊叹，看起来就像是色彩在画布上飘散开来一样。相对于梵高流畅、衔接的色彩来说，他的色彩让人觉得有些梦幻，如图6-20所示。

图6-20　李奥尼德·阿夫列莫夫作品

李奥尼德·阿夫列莫夫自述：我喜欢通过画来表现美好的世界，以及与世界融合的感觉。我的作品是我灵魂的声音，它们携带了我对世界的认知、内心的情感和生活的激情。我坚信，真正的艺术能够启迪和哺育人类，让人类在黑暗中寻找到内心的自由。其作品被视为具有心理治疗效用的艺术。

二、绘画的分类

绘画是美术中最主要的一种艺术形式。它是一门运用线条、色彩和形体等艺术语言，通过构图、造型和设色等艺术手段，在二维空间（即平面）里塑造出静态的视觉形象的艺术。

（一）按照绘画工具和材料来分

按照绘画工具和材料来分，绘画分为中国画、油画、版画、水彩画、水粉画和素描等。

1. 中国画

中国画是指用毛笔蘸水、墨、彩作画于绢或纸上的一类绘画样式，简称"国画"。中国画创作使用的绘画工具和材料主要有毛笔、墨、国画颜料、宣纸、绢等，题材可分人物、山水和花鸟三大类，技法分为工笔和写意两种。

中国画的最大特点是注重人的情感、道德与精神表现，讲求"以形写神"，追求一种"妙在似与不似之间"的神韵，画风清新，意境高远。例如，图 6-21 所示的董寿平的《苍松图》，用笔自然随意，墨色变化丰富，很好地表现了松树的风骨精神。

图 6-21　董寿平《苍松图》

2. 油画

油画起源于欧洲，约 15 世纪时由荷兰人发明，用亚麻子油调和颜料，在经过处理的布或木板上作画。油画颜料不透明，覆盖力强，所以绘画时可以由深到浅，逐层覆盖，使画作产生出立体感，如图6-22所示的常书鸿的《重庆凤凰山即景》（现藏浙江省博物馆）。油画是西方绘画的主要品种。

图6-22　常书鸿《重庆凤凰山即景》

3. 版画

版画是在不同材料的版面上刻画形象后印制而成，它的最大特点是可以连续重复印制。由于版材的性质与刻印方式的不同，版画分为木刻、铜版画、石版画等，其中木刻是最常见的版画形式。

4. 水彩画和水粉画

水彩画和水粉画是用水调和颜料创作的绘画，大多画于纸上。水彩画特别借助水对颜料的渗溶效果及纸的底色，产生画面的透明感及轻快、湿润的艺术特色。水粉画颜料有一定的覆盖力，又容易被水稀释，可用干、湿、透明、厚积等不同表现方法作画，其特点兼有水彩的明快、油画的浑厚。当代的宣传画、广告画多采用水粉材料画成。

5. 素描

素描又称单色画，广义上指的是以任意一种材料作单色的描绘，狭义上是指用铅笔、钢笔、木炭笔等在纸上绘出形象。素描一般是画家的写生之作，即面对人物或风景描绘而成，是一种带有研习性的绘画基础训练作品。有时也指画家构思大幅创作的草图。

（二）按照绘画表现的对象来分

按照绘画表现的对象来分，绘画可以分为人物画、风景画、静物画和动物画等。

1. 人物画

人物画是以人物形象为画面主体的绘画的总称。人物画力求人物个性刻画得逼真传神、气韵生动、形神兼备。其传神之法，常把对人物性格的表现寓于环境、气氛、身姿和瞬间动感的描绘之中。

2. 风景画

风景画是指以风景为描绘对象的绘画。中国画中的山水画就属于风景画，但其在中国画艺术中一般不用"风景画"的概念，而称作山水画。风景画的概念现在一般仅使用于西方传入的油画、水彩画等。西方的油画风景、中国的山水画最早只作为人物画的背景，后来才逐步发展为独立的画科。

3. 静物画

静物画是以相对静止的物体为主要描绘对象的绘画。所绘物体（如花卉、蔬果、器皿、书册、食品和餐具等）都是根据作者创作意图的需要，经过认真的选择、精心的摆布和安排的，物体在形象和色调关系上，在画中都能得到较好的表现。

4. 动物画

动物画是以各种动物为描绘对象的绘画的总称。动物画以动物形象为载体，借以表达人的愿望、幻想和各种思想感情等。它的题材很广泛，凡动物均可入画，其主要对象为人们常见的家禽、家畜和动物园中的各种动物。动物画不要求惟妙惟肖，允许夸张与变形，但要有个性，要能引起观众对生活美的联想。动物画在中国画里是被归入花鸟画一类的。例如，唐代韩滉的《五牛图》就是动物画。

三、绘画艺术的构成要素

绘画艺术主要通过线条、色彩、构图等造型语言，表现事物的形象及其内在的意蕴，造成视觉上的立体感或逼真效果。

（一）线条

线条是画家用以表达自己的感觉和情感的造型语言。当画家用线条标出空间界线，勾画出事物轮廓的同时，画家的情感也随之流动并凝聚在画面上。画家的线条风格，往往反映其内在的品格。例如，唐代吴道子的线条，豪放劲健，用力不一，迟速不一，反映了他奔放、潇洒的气质；元代倪瓒的线条，枯涩中见丰润，疏朗中见遒劲，反映了他清逸和淡泊的个性；意大利达·芬奇的线条冷静、准确，反映了他的理性；法国德拉克洛瓦的线条奔放而有力，反映了这位浪漫主义艺术家火焰般的激情。

（二）色彩

绘画的色彩来自客观世界。由于各种物体的质地不同，对各种色光的吸收和反射的程度不同，因而呈现出千变万化的色彩。跟色彩相关的还有色相、色度、色调和色性等。画家正是利用色彩的丰富特性和无穷变化创作了一幅幅美丽的图画。与色彩相关的名词解释如表 6-1。

表 6-1 与色彩相关的名词解释

名词	概念
色相	指色彩呈现出来的质的面貌。自然界中的色相是无限丰富的，如紫红、银灰、橙黄等
色度	指颜色本身固有的明度。在 7 种基本色相中，紫色的色度最深暗，黄色的色度最明亮
色调	指在一定的色相和色度的光源色的照射下，物体表面所笼罩的一种统一的色彩倾向和色彩氛围
色性	指色彩的属性。基本分为暖色和冷色两类，暖色给人以热烈、温暖、外张的感觉，冷色给人以寒冷、沉静、内缩的感觉

（三）构图

构图是指画家为了表现作品的主题思想和美感，在一定的空间内安排和处理人、物的关系和位置，把个别或局部的形象组成艺术整体的造型语言。构图具有极强的情感意义。常见的构图有水平式、垂直式、倾斜式、金字塔式、锯齿形、倒三角式、圆状等基本形式。如果将这些构图进行组合，就能构成一定的艺术形象，能给欣赏者带来崇高、升腾、庄严、悲壮、坚实、挺拔、舒展、优美、温柔、紧逼、寒冷、凄凉等不同的感受，见表 6-2。

表 6-2 不同构图的情感意味

构图形式	情感意味
水平式构图	常暗示和平、宁静
垂直式构图	有强烈的紧张感，多条垂线并立会产生节奏感
倾斜式构图	常蕴含着动的趋势
金字塔式构图	常暗示稳固、持久
锯齿形构图	包含着痛苦和紧张
倒三角式构图	显示出不稳与危机
圆状构图	常暗示圆润、完满

四、绘画艺术欣赏

（一）绘画艺术欣赏方法

欣赏绘画作品，应该掌握四种方法。

1. 理解美术作品的立意和主题

美术家对客观事物的认识、情感都在作品中要宣泄出来，中国画就有"意在笔先，画尽意在"的哲理和方法，所以欣赏画作要注意作品的立意。当然，作品的立意有高低之分，意境深远当然给人以共鸣。

2. 感受美术作品的情趣和意境

美的首要特征，是具有吸引人、感染人、鼓舞人的魅力；从这一特征出发，美的形象总是耐看的，总是令人过目不忘的，令人心花怒放的。美是和谐的，美从对立统一中求得和谐。因此，观赏美术作品时，应该尽情地去享受它为我们创造的优美情趣和意境。

3. 了解作者以及作品创作的时代背景

美术作品可以说是作者形象化的自传，是作者人生态度、审美价值的具体表现，即所谓的"画如其人"。如果没有对作者生平的了解，很难对作品作出正确的理解。同时，一幅绘画作品总是一个时代生活的映射，也体现着一个时代的本质特征，没有对作品创作背景的了解，就无法深刻体会作品的精妙之处和创新之处。

4. 多看是提高欣赏能力的一个关键过程

在艺术中，美是第一位的，离开了美，世界的一切都将变得憔悴和枯萎。因此，无论怎样理解作品，首先还是要能看出它的美。在提高自身艺术修养的同时，多看作品是一个提高欣赏能力的便捷途径。有比较才能有鉴别，看得多了自然会有一些自己的体会。

(二) 绘画名作欣赏

1. 中国画作品欣赏

(1)《女史箴图》。

"女史"是女官名；"箴"是规劝、劝诫的意思，大臣张华为劝诫西惠帝写成《女史箴》，后来顾恺之据文配画，有了《女史箴图》（见图6-23）。该画以日常生活为题材，用笔采用游丝描手法，细致连绵，如春蚕吐丝，形神兼备。画家注重人物神态表现，衣带飘洒，形象生动。

图6-23 《女史箴图》（局部）

(2)《步辇图》。

《步辇图》，唐代阎立本作，生动地刻画了不同身份人物的气质、仪态和相互关系，是一件具有重要历史价值和艺术价值的作品（见图6-24）。

图 6-24　《步辇图》（局部）

画中唐太宗的形象是全图焦点，其面目俊朗，目光深邃，神情庄重，充分展露出盛唐一代明君的风范与威仪。构图上，阎立本为了更好地突显出唐太宗的至尊风度，巧妙地运用对比手法进行衬托表现。一方面以宫女们的娇小、稚嫩和她们或执扇或抬辇、或侧或正、或趋或行的体态来映衬唐太宗的深沉与凝定，是为反衬；另一方面以禄东赞的诚挚谦恭、持重有礼来衬托唐太宗的端肃平和之态，是为正衬。该图不设背景，结构上，自右向左由紧密而渐趋疏朗，重点突出，节奏鲜明，让人得到了充分的视觉享受。色彩上，全卷设色浓重纯净，大面积红绿色块交错安排，富于韵律感和鲜明的视觉效果。笔法上，画家的表现技巧已相当纯熟。衣纹器物的勾勒，墨线圆转流畅中时带坚韧，畅而不滑，顿而不滞；造型上，主要人物的神情举止栩栩如生，写照之间更能体现神韵；设色上，图像局部配以晕染，如人物所着靴筒的褶皱等处，显得极具立体感。

（3）《韩熙载夜宴图》。

《韩熙载夜宴图》，五代顾闳中作，是中国十大传世名画之一（见图 6-25）。它以连环长卷的形式描绘南唐巨宦韩熙载家开宴行乐的场景。作品突出表现了传统工笔重彩画的杰出成就，在我国古代美术史上占有重要的地位。作品的用笔设色匠心独运，韩熙载面部的胡须、眉毛的勾染好似从肌肤中生出一般。人物衣纹勾勒严整简练，利落洒脱，如屈铁盘丝，柔中有刚。人物服装用色大胆，红绿相互穿插，有对比又有呼应，用色不多，但却显得丰富而统一。

图 6-25　《韩熙载夜宴图》（局部）

（4）《清明上河图》。

《清明上河图》，北宋张择端作，构图采用鸟瞰式全景法，真实而集中地描绘了当时汴京（今河南开封）的生活情境（见图6-26）。作者用传统的手卷形式，采取散点透视法组织画面。画面长而不冗，繁而不乱，严密紧凑，一气呵成。画中所摄取的景物，大至寂静的原野，浩瀚的河流，高耸的城郭；小到舟车里的人物，摊贩上的陈设货物，市招上的文字，细腻工整，丝毫不失。画面中有各色人物，穿插着各种情节，蔚为壮观。

图6-26 《清明上河图》（局部）

（5）《五牛图》。

《五牛图》，唐代韩滉作，画中的五牛形象各异，姿态迥然，或俯首或昂头，或行或驻，活灵活现，似乎触手可及（见图6-27）。画家以简洁的线条勾勒出牛的骨骼转折，筋肉缠裹，浑然天成；用笔粗放，线条富有弹性，力透纸背，刻画精准且不失强烈的艺术表现力，一反中国画传统用笔。中间一牛正面观者，视角独特，表现难度极大，显示出韩滉高超的造型能力和纯熟的技法。整幅画面除最右侧有一小树外，别无其他衬景，因此，每头牛也可独立成章（见图6-28）。

图6-27 《五牛图》

图6-28 《五牛图》（局部）

　　五头牛目光炯炯，深邃传神，画家着重刻画牛的眼睛及眼眶周围的皱纹，还用尖细劲利的笔触细心描绘了五头牛的睫毛，通过细节的刻画，强调每头牛独具的个性，使它们鲜明地显示出不同的神情，将牛既温顺又倔强的性格表现得淋漓尽致。让观者能感觉到这五头牛不但有生命、有情感，而且还有各自不同的内心世界。

　　（6）《千里江山图》。

　　《千里江山图》卷（局部见图 6 - 29），北宋王希孟作，绢本，设色，现收藏于北京故宫博物院。

图 6 - 29 　《千里江山图》（局部）

　　该作品构图上充分利用传统的长卷形式所具有的散点透视的特点，细致入微地描绘了祖国的锦绣河山。《千里江山图》卷在设色和用笔上继承了传统的"青绿法"，即以石青、石绿等矿物质为主要颜料，敷色夸张，具有一定的装饰性，被称为"青绿山水"。此种表现方法是我国山水画技法中发展较早的一种，在隋唐时期如展子虔、李思训、李昭道等许多画家均擅长青绿山水画。综观宋代画坛，虽然也有一些画家用此法创作，但从目前存世作品看，尚无一件可以超越《千里江山图》卷。

2. 西方油画作品欣赏

　　（1）《蒙娜丽莎》。

　　《蒙娜丽莎》（见图 6 - 30）是意大利文艺复兴时期画家列奥纳多·达·芬奇创作的油画，堪称是世界上最负盛名的传世杰作之一，也是巴黎卢浮宫的镇馆之宝。此画描绘了一名表情神秘的女子，静静地坐在风景前，双手自然地搭放在一起，丰满的体态、端庄的表情中体现出神秘的性感。最让人琢磨不透的是她的微笑，显露出人物神秘莫测的心灵活动，富有魅力，打动人心。因此这幅画也被后人称为"神秘的微笑"。

　　该画作主要表现了女性的典雅和恬静美，塑造了资本主义上升时期一位城市资产阶级的妇女形象。《蒙娜丽莎》折射出来的女性的深邃与高尚的思想品质，反映了文艺复兴时期人们对于女性美的审美理念和审美追求。

　　（2）《最后的审判》。

　　《最后的审判》是米开朗琪罗为西斯廷教堂绘制的巨幅天顶壁画。尺度巨大，整幅壁画场面恢宏，绘有 400 多个现实和历史中的人物原型。全画以基督为中心形成

图 6 - 30　《蒙娜丽莎》

一个漩涡形的结构，犹如被暴风卷起的人群，场面壮观。天使吹奏起生命的号角，基督站立在云端，高举有力的手臂，铁面无私地执行他神圣的权力（见图 6 - 31）。

图 6 - 31　《最后的审判》

（3）《向日葵》。

《向日葵》是荷兰画家、印象主义画派重要代表梵高的一系列油画作品。梵高通过该系列作品向世人表达他对生命的理解，并且展示出了他个人独特的精神世界。很多人将梵高称为"向日葵画家"，因为对于梵高而言，向日葵是表现他思想的最佳题材。《花瓶里的十二朵向日葵》（见图 6-32）中的向日葵热烈地盛放着，辐射的金色花瓣，丰满的橘面，低垂的花蕊，醒目的绿茎和花萼，强烈地象征了天真而充沛的生命。

图 6-32 《花瓶里的十二朵向日葵》

（4）《拾穗者》。

《拾穗者》是米勒最重要的代表作（见图 6-33）。画面中的三个农妇穿着粗布衣裙和沉重的旧鞋子在低头拾穗，在她们身后是一望无际的麦田和堆得像小山似的麦垛，这些似乎和她们毫不相干。米勒没有正面描绘她们的脸，也没有作丝毫的美化，她们就像现实中的农民一样默默地劳动着。造型上，米勒用较明显的轮廓使形象坚实有力，很好地表现了农民特有的气质。

（5）《日出·印象》。

莫奈是印象主义大师中最具影响力的一位。莫奈被称作"印象派之父"。他是自然的观察者，也是人生的观察者。在印象派出现之前，人们普遍认为只有画得工整的画才是好画。而印象派作品的出现，颠覆了人们这一传统观念。作品描绘了阿弗尔港口一个多雾的早上，旭日东升，晨曦笼罩下的海水呈现出橙黄色和淡紫色，天空被各种色块晕染得微微发红，强烈的大气反光中形成了多彩的世界，给人一种瞬间迷茫的感受（见图 6-34）。

图 6-33 《拾穗者》

图 6-34 《日出·印象》

（6）《自由引导人民》。

浪漫主义是流行于 18 世纪末 19 世纪初的一种文艺思潮。在艺术上，浪漫主义的主张与新古典主义的观点针锋相对，它的特征是反对新古典主义单纯取法于古典范例，反对清晰的轮廓线以及故意安排的构图，重视艺术家主观理想和强烈个人情感的抒发，表现对大自然的歌颂。

德拉克洛瓦（1798—1863 年），是继热里柯之后出现的重要的浪漫主义艺术家，被称为"浪漫主义的雄狮"。他继承和发展了古代大师的艺术成就，善于绘制气度宏伟的大型历史画。同时，他也是一位色彩大师，坚持运用强烈的色彩大笔挥洒，逐渐发展出一种充满活力和丰富色彩的个人风格。

《自由引导人民》（见图6-35）是德拉克洛瓦为纪念1830年的法国七月革命所作。画家以再现的手法描绘了"硝烟弥漫的街垒巷战中，巴黎人民为自由而战"的场面。

图6-35　《自由引导人民》

第二节　音乐艺术

美的导航

20世纪80年代，舞阳县贾湖遗址出土了贾湖骨笛（见图6-36）。它是由鹤类禽鸟中空的尺骨制成的，可演奏近似七声音阶的乐曲，是迄今中国考古发现的最早、保存最完整的乐器，其出土改写了中国和世界音乐的历史。

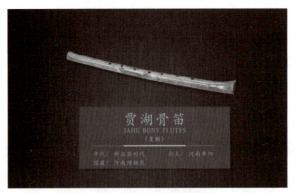

图 6－36　贾湖骨笛

《国家宝藏》的热播，使中国音乐史上的绝世宝藏进入普通大众的视野，中国古典音乐的光辉成就令世人惊叹。

美的探索

音乐是声音的艺术，是听觉艺术，也是时间的艺术。它通过有组织的乐音、节奏、旋律、调式等一系列元素，塑造听觉艺术形象，描写社会生活和自然事物，抒发人的生活体验和思想情感，表现人类的审美理想和观念。音乐不仅具有认识和教育功能，更具有审美和娱乐功能。

一、音乐的审美功能

音乐作为一种美的艺术，其首要功能就是满足人的审美需求，即音乐审美层面的功能是音乐艺术的核心功能，具体表现在愉悦身心、表情达意和寓教于乐三个方面。

（一）愉悦身心

音乐可以愉悦人的身心，即音乐具有娱乐功能。早在远古时期，音乐就已经成为人们的生活调剂品，如人们会因为获得猎物心情大悦而聚集在一起载歌载舞以表庆祝。我国古代关于音乐娱乐功能的记载也是不计其数，如荀子在《乐论》中有云，"夫乐者，乐也，人情之所必不免也。故人不能无乐"，意思是，音乐就是欢乐的意思，它是人的情感中绝对不能缺少的东西，所以人不能没有音乐。时至今日，随着工作、生活压力的增大和艺术文化的发展，音乐已经成为人们娱乐生活中不可或缺的组成部分。在紧张的工作或学习之余，很多人会进行音乐艺术欣赏活动，以使身心得到放松、精神得到满足。

（二）表情达意

在竞争日益激烈的社会发展中，人们有着各种不同的压力、需求和欲望，内心的情绪和情感需要通过多种途径宣泄和抒发出来，音乐便是途径之一。人们一般会通过创作、欣赏、弹奏、歌唱等方式来找到音乐与内心的共鸣点，从而有效地宣泄情绪和抒发情感。例如，心情愉悦的时候，人们会不由自主地选择创作、欣赏、弹奏或歌唱欢快的乐曲，如《春之声》《土耳其进行曲》等；心情低落的时候，人们则倾向于创作、欣赏、弹奏或歌唱悲伤的乐曲，如《悲怆奏鸣曲》等。

📢 知 识 链 接

小夜曲

　　在优美的钢琴伴奏下，响起了一个青年对心爱姑娘的深情倾诉。随着感情逐渐升华，曲调第一次推向高潮，第一段在期待的情绪中结束。抒情而安谧的间奏之后，第二段音调发生转换，情绪比较激动，表达出青年对爱情的呼唤和憧憬，形成全曲的高潮。最后是由第二段引申而来的尾声，仿佛爱情的歌声在夜空中回荡，乐句之间出现的钢琴间奏是对歌声的呼应，仿佛是姑娘的回应。

　　歌词大意：

　　我的歌声穿过深夜，向你轻轻飘去；

　　在这幽静的小树林里，爱人，我等待着你！

　　皎洁月光照耀大地，树梢在耳语，树梢在耳语。

　　没有人来打扰我们，亲爱的，别畏惧！

　　亲爱的，别畏惧！

　　你可听见夜莺歌唱，她在向你恳请；

　　她要用那甜蜜歌声，诉说我的爱情。

　　她能懂得我的期望，爱情的苦衷，爱情的苦衷。

　　用那银铃般的声音，感动温柔的心，感动温柔的心。

　　歌声也会使你感动，来吧，亲爱的！

　　愿你倾听我的歌声，带来幸福爱情，带来幸福爱情。

　　小夜曲是一种音乐体裁，起源于欧洲中世纪的骑士文学，是行吟诗人在黄昏或夜晚于恋人窗前所唱的爱情歌曲。这首《小夜曲》是舒伯特创作的一首家喻户晓的名曲，根据德国诗人路德维希·莱尔斯塔勃的诗谱写而成，是其声乐套曲《天鹅之歌》中的第四首。

（三）寓教于乐

　　音乐能够寓教于乐，体现了音乐的审美教育功能。音乐的审美教育功能是指人们通过音乐欣赏活动能够受到音乐艺术及文化的熏陶和感染，从而在思想、认识、理想、文化、道德、审美和追求等方面得到一定的启发和提高。

自古以来，音乐的教育功能就受到了人们的重视和推崇。早在周代，贵族教育体系中就要求学生必须掌握六种基本才能，即六艺（礼、乐、射、御、书、数），其中"乐"排第二，可见音乐教育的地位。直到现在，随着素质教育的提倡和推广，音乐教育亦被摆到了一个十分重要的位置，无论是从初等教育至高等教育，还是从专业教育至通识教育，音乐教育都成为教育体系中不可或缺的一部分。

二、音乐要素和艺术特征

（一）音乐的要素

音乐的要素包括：旋律、节奏、节拍、速度、力度、音色、和声、调式等。

1. 旋律

旋律又称曲调，是一定高低、长短和强弱关系不同的音响，按一定的调式及节奏组成的、流动的声音线条。旋律是音乐的灵魂和基础，能表现一定的音乐内容，是音乐中最神秘、最有魅力的要素。作曲家采用不同的旋律，可以表现出不同的思想情感和音乐内容。一般来说，表现欢快的情绪用轻松、活泼、明快的旋律；表现悲哀、伤感的意境，用凄凉、忧伤、深沉的旋律；表现英勇奋斗、奋力拼搏的精神，用激越、慷慨、雄壮的旋律。

贝多芬的钢琴独奏曲《致爱丽丝》，乐曲开始就出现了一个流畅清新而又朴素无华的旋律，引起听者的感情反应，想象少女可爱天真的神情，就像一幅小小的肖像素描，一挥而就，又栩栩如生，优美动人。

2. 节奏

节奏是将长短相同或不同的音，按一定的规律组织起来，循环往复、周而复始地出现。节奏具有相似性、间隔性和重复性的特点。如果改变节奏也会直接影响旋律的效果。一般来说，快节奏的音乐，多表现轻松、愉快的情感，如《百鸟朝凤》《赛马》等。慢节奏的音乐，多表现抒情、忧伤的情感，如《茉莉花》《渔舟唱晚》等。进行曲的节奏鲜明、刚劲有力，如《土耳其进行曲》《义勇军进行曲》等。圆舞曲的节奏较为舒缓、轻松，如《春之声》《波兰圆舞曲》等。

3. 节拍

节拍是指乐曲中强音和弱音均匀地、有规律地、循环交替地出现。节拍有多种不同的组合方式，表示节拍的符号叫节拍号。2/4 拍的音乐，节拍次序是强、弱；3/4 拍的音乐，节拍次序是强、弱、弱；4/4 拍的音乐，节拍次序是强、弱、次强、弱。节拍和节奏在音乐中是交织在一起的，它们以音的长短和强弱有规律地贯穿于音乐作品之中。

4. 速度

速度是指音乐进程中的快慢，即在单位时间内音乐节拍的疏密程度。要准确表达某种思想感情，乐曲必须按一定的速度演奏。快速度的音乐多用于表现欢快、激动的情绪；中速度的音乐多表现自然和恬静的情绪；慢速度的音乐多表现凝重、忧伤的情感。在同一首乐曲中，速度可随内在的结构和思想内容而变化。

5. 力度

力度是指每一个乐音的强弱程度。力度不同，可表现乐曲不同的风格特征。抒情歌曲的强弱则随情感的发展而变化。力度符号 f 表示强，p 表示弱，小于号"<"表示渐强，大于号">"表示渐弱。

6. 音色

音色是指不同的人、乐器等发出的具有不同音质特色的音响。高音一般高亢、明亮，低音多深沉、浑厚，中音常常宽泛、淳美。在器乐中，二胡声淳厚朴实，古筝声清脆明亮，唢呐声刚健粗犷，小提琴声优美华丽，小号声辉煌明亮。

7. 和声

和声是指两个或两个以上的音，按一定规律同时发声而构成的音响组合。和声可以使旋律的表现力更加丰富，也可联结若干旋律同时进行，构成不同层次的立体效果，使乐曲蕴含更丰富的生活内容和思想情感。和声的音响效果还有明亮、疏密之分，合理的搭配使之更具有渲染气氛的作用。

8. 调式

调式是指一组音以某一个音为中心音（即主音）、按一定关系联结成的体系。如大调式、小调式等。

（二）音乐艺术的特征

1. 强烈的抒情性

音乐是一种擅长表现和激发情感的艺术，被俄国作曲家谢洛夫称为"灵魂的直接语言"，最能以情动人，甚至可以表现出难以用语言表达的感情。正如匈牙利作曲家李斯特说："感情在音乐中独立存在，放射光芒，既不凭借'比喻'的外壳，也不凭借情节和思想的媒介。以情动人使音乐成为一种国际语言。"

小提琴协奏曲《梁祝》呈示部的开始，在轻柔的弦乐震音背景上传来明亮的笛声，接着双簧管奏出酣畅、恬适的旋律，人们听着仿佛置身于风和日丽、春光明媚、鸟语花香的美丽景色中。雄浑豪放的音乐常给人带来勇猛、磅礴、雄壮有力的感受。《黄河大合唱》中的"保卫黄河"，音响强劲有力、起伏对比强烈，给人带来情感的巨大震动，当人们听到这雄浑豪放的音乐，再加上标题"保卫黄河"的暗示，就会自然地将音乐与奔腾的黄河和抗日队伍的勃勃英姿联系在一起。

2. 时间的流动性

音乐在时间上是流动的、连续不断的。如果时间一结束，音乐就停止了。人的感情与音乐一样，也是在时间中变化发展的。因此，音乐表现人的感情，就有了得天独厚的条件。给欣赏者展现了一个流动、变化、发展的过程，留下一个丰富的想象和联想的空间。正是由于音乐具有时间的流动性这一审美特征，才使音乐成为艺术中最适合表现情感的形式，成为表现情感的艺术高峰。

3. 内容的不确定性

由于音乐不是造型艺术，内容上的不确定性、不具体性是其审美特征之一。它不同于绘画、雕塑，能抓住某一瞬间，给欣赏者展现一个具体可感的形象。在音乐欣赏中，必须通过演奏者（或演唱者）、欣赏者，发挥丰富的想象和联想，进行再创造才能完成。不同的欣赏者，对同一部音乐作品的理解和联想也不一样，尤其是那些抒情的、无标题音乐，给予欣赏者非常宽泛的联想空间。因此，在欣赏中会出现很大的差异。出现这些差异的原因是多方面的。从根本上说，由于音乐欣赏是一种能动反映，必然带有欣赏者主观的感情色彩，同作曲家创作这首曲子时的感受不可能完全一样，对音乐作品的理解也不尽一致。音乐内容的不确定性是相对的，如表现欢快、喜庆的乐曲《金蛇狂舞》，同深沉、忧伤的哀乐之间的区别是十分明显的。在这一点上，不同的欣赏者大体感受是一致的。不确定性是在内容上，不能确切指向某一具体事物，具有宽泛、朦胧的美感。这种不确定的特征，能使欣赏者在欣赏中，想象纵横驰骋，感知妙趣横生。

波兰钢琴家肖邦一生共创作了 21 首夜曲，夜曲中的音乐形象大都表现朦胧的黄昏、静谧的月夜，在夜色中沉思默想，也有色调明朗、形象鲜明的夜曲，如《降 E 大调夜曲》，这些夜曲对形象的表现不是那么确切、具体，音乐的内涵就只能依靠欣赏者展开联想去把握。

4. 三度创造、联想自由

音乐欣赏，需要通过作曲家、表演艺术家和欣赏者的"三次创造"才能完成，称三度创造。欣赏者在欣赏音乐的过程中，有时会在脑海中浮现出一些视觉画面，称音画。一般产生音画的作品，是以描绘为主的音乐，大多有标题。例如《伏尔塔瓦河》那时而激荡、时而轻盈的乐曲，使我们联想到大海的滚滚波涛和潺潺的小溪流水。《梁祝》中"化蝶"那一段，充满诗情画意和幻想色彩的音乐，仿佛使我们看到一对恋人双双化蝶、翩翩起舞的情景。有时作品由于与神话传说、历史典故有一定的联系，常给人以诗一般的意境。法国作曲家柏辽兹的《幻想交响曲》以出色的音乐画笔，勾勒出一幅生动的田园风光。苏联作曲家普罗科菲耶夫根据舞剧改编的《罗密欧与朱丽叶》（第二组曲）的意境和氛围，给人以诗一般的美感。苏联作曲家穆索尔斯基的《荒山之夜》，以诗画交融的意境被称为"交响诗画"。总之，要获得丰富的美感，就必须积极创造、大胆联想，去捕捉那如诗如画的优美意境。

贝多芬的《田园交响曲》，首先由小提琴奏出具有乡土气息、明快清澈的旋律，此时的感官感受是悦耳，当进一步被音乐感染，展开想象，眼前仿佛浮现出乡村开阔的大地、茂密的森林、盛开的鲜花、流动的小溪；仿佛看到一位恬静的少女坐在溪边遐想；听到村妇跳舞时的欢笑，暴风雨中狂风的怒吼；嗅到暴雨过后清新的空气。此时听者进入的是感情欣赏，被优美的旋律陶醉，被激昂的音调振奋，与作品产生共鸣。同时，听众在结合自己的想象进行审美的再创造，从乐曲中体会到作者通过对大自然的描述，来表达人纯洁的心灵和对美好未来的憧憬和追求，把欣赏升华到理智的高度。

三、音乐的欣赏

（一）音乐的欣赏方法

欣赏一部音乐作品，不仅要具备一定的文化知识和艺术修养，还要掌握正确的欣赏方法。只有这样，才能比较全面地领略音乐的内涵，获得艺术享受。通常，要做好以下几个方面的资料准备或音乐常识准备。

1. 了解作品与作者的时代背景

音乐作品表现了作者对现实生活的感受，只有了解作品的创作背景，才能深入地体会和理解它所包含的思想感情。例如，由黄自作曲、韦瀚章作词的《旗正飘飘》创作于抗日战争的艰苦时期，反映了当时危急的民族现状，表达了创作者强烈的爱国情操。

2. 了解音乐作品的民族特征

正如俄罗斯作曲家格林卡所说："真正创造音乐的是人民，作曲家只不过是把它们编成曲子而已。"一切音乐作品都植根于民族、民间音乐。有些作品只是概括地体现了民族音乐语言的某些特点，有些作品则与具体的民间音调保持着密切的联系，如电影《白毛女》的插曲《扎红头绳》，就采用了山西秧歌《拾麦穗》的基本曲调。

3. 掌握音乐语言

音乐作为一种独特的艺术形式，有自己独特的艺术表达语言。音乐语言包括很多要素，如旋律、节奏、节拍、速度、力度、音区、音色、和声、调式、调性等。一部音乐作品的思想内容和艺术美，要通过音乐的语言要素来表现。因此，了解和熟悉音乐的艺术语言，对于正确、深入地欣赏音乐大有裨益。

4. 了解音乐作品的曲式、体裁

曲式是音乐材料的排列样式，也就是乐曲的结构布局。曲式有单乐段、二段式、三段式、复三段式、变奏曲式和奏鸣曲式等形式。

体裁是音乐的品种，用以表现不同的音乐题材和内容，如序曲、协奏曲、交响曲、组曲、夜曲、幻想曲、狂想曲等。

因此，了解音乐作品的曲式、体裁等知识，对于欣赏音乐也非常有帮助。

（二）音乐名作欣赏

1. 中国器乐作品欣赏

（1）古琴曲《流水》。

古琴如图 6-37 所示。《流水》是一首非常古老、著名的琴曲。相传，《高山流水》原来是一首曲子，到了唐朝才分为《高山》和《流水》两首曲子。至宋代又分有若干段数。后世各种传谱虽然段数不尽相同，但是乐曲意境大致相同。

图 6-37　古琴

《流水》现在最流行弹奏的版本是清代张孔山留下来的版本。张孔山是清代四川青城山的道士。他根据原来的琴曲进行加工，增加了"滚、拂、绰、注"的手法，模仿水流湍急的自然景象，人称"七十二滚拂流水"。乐曲从缓慢的散板、清澈的泛音到疾速的滚拂，表现了滴滴清泉、涓涓细流直至滔滔江河、浩瀚大海的不同景象，将水的姿态表现得淋漓尽致，给予人们丰富的想象空间。这首琴曲充满着人与自然的和谐之音，散发了天籁、地籁、人籁相知相合、浑然一体的气象。

《流水》作为古琴音乐的代表作也成为中华优秀传统文化的象征。1977 年 8 月 22 日，著名古琴演奏家管平湖先生演奏的《流水》，被录入美国"航天者号"太空飞船携带的一张镀金唱片，发射于太空。

（2）古曲《梅花三弄》。

《梅花三弄》是我国古代音乐中保存下来年代较早的一首作品，"梅花"是这首乐曲的主题，音乐借梅花凌寒开放的形象，表达了古代文人清高、脱俗的理想。"弄"有点当代音乐中"重复"和"变奏"的意思，"三弄"是指一个音乐主题三次重复出现。

《梅花三弄》旋律优美，曲调流畅，具有很高的艺术性和思想性。乐曲以梅花鲜明的音乐形象和特有的艺术魅力，表现了梅花不畏寒霜、迎风斗雪的顽强性格，来赞誉具有高尚情操之人。它的高雅情趣一直为后人所喜爱。除古琴独奏、琴箫合奏外，《梅花三弄》还被改编为钢琴独奏、民乐合奏、琵琶独奏、琴与编钟合奏等多种演奏形式，表达了同样的艺术境界。

（3）《春江花月夜》。

《春江花月夜》是一首民族管弦乐曲，也是中国古典十大名曲之一。它最初是一首琵琶曲，早在 1785 年以前就流行于民间，名为《夕阳箫鼓》。1923 年改编为民乐合奏曲，更名为《春江花月夜》。全曲共十段，每段都有一个富有诗意的小标题，分别是江楼钟鼓、月上东山、风回曲水、花影层叠、水云深际、渔歌唱晚、洄澜拍岸、桡鸣远漱、欸乃归舟和尾声。乐曲意境优美，结构严密，旋律古朴、典雅，节奏平稳、舒展，既深情描绘了春江花月夜的迷人景色，向我们展示了一幅让人沉醉的山水画，又表达了人们欢快愉悦的心境，给人以绵延不绝的艺术享受。

（4）琵琶曲《十面埋伏》。

琵琶是中国历史悠久的主要弹拨乐器（见图 6-38）。琵和琶原是两种弹奏手法的名称，琵是右手向前弹，琶是右手向后弹。南北朝时，通过丝绸之路与西域进行文化交流，曲项琵琶由波斯经今新疆传入我国。到了唐代后期琵琶从演奏技法到制作构造上都得到了很大的发展。著名乐曲有《十面埋伏》《霸王卸甲》《阳春白雪》《月儿高》《彝族舞曲》《昭君出塞》《大浪淘沙》《赶花会》《飞花点翠》《天鹅》《狼牙山五壮士》《草原英雄小姐妹》等。

图 6-38　琵琶

《十面埋伏》是一首著名的琵琶曲独奏曲，也是中国十大古曲之一。乐曲以楚汉战争为题材，以音乐的形式生动描绘了当年项羽、刘邦垓下决战的情景。汉军用十面埋伏的阵法击败楚军，项羽自刎于乌江。乐曲共分十三段，分别是列营、吹打、点将、排阵、走队、埋伏、鸡鸣山小战、九里山大战、项王败阵、乌江自刎、众军奏凯、诸将争功、得胜回营。乐曲描绘了短兵相接、刀光剑影的交战场面。音乐多变，节奏急促，在演奏上连续运用了弹、扫、轮、绞、滚、煞等手法，以描写激烈的厮杀以及英雄末路的项羽发出的"悲歌慷慨之声"惊天动地、动人心弦。

（5）二胡曲《二泉映月》。

二胡是我国独具魅力的拉弦乐器（见图6-39），它既适宜表现深沉、悲凄的内容，也能展现气势壮观的意境。二胡形制为琴筒木制，筒一端蒙以蟒皮，张两根金属弦，定弦内外弦相隔纯五度。主要代表作品有《赛马》《二泉映月》《月夜》《江河水》《三门峡畅想曲》《长城随想》《战马奔腾》等。通过许多名家的革新，二胡成为一种重要的独奏乐器和大型合奏乐队中的弦乐声部重要乐器。

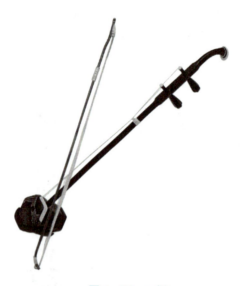

图6-39　二胡

《二泉映月》是中国民间音乐家华彦钧（阿炳）的代表作。这首乐曲自始至终流露的是一位饱尝人间辛酸和痛苦的盲艺人的思绪情感，作品展示了独特的民间演奏技巧与风格，以及无与伦比的深邃意境，显示了中国二胡艺术的独特魅力，拓宽了二胡艺术的表现力。

（6）笛子曲《鹧鸪飞》。

竹笛，又称笛子，是我国最古老的乐器之一（见图6-40）。在河南舞阳县贾湖村新石器时代早期遗址中发掘出16支竖吹骨笛，据测定距今已有8 000余年历史。竹笛一般分为南方的曲笛和北方的梆笛。曲笛因伴奏昆曲而得名，广泛流行在中国南方各地，音色浑厚而柔和，清新而圆润，是江南丝竹、苏南吹打、潮州笛套锣鼓等地方音乐和昆曲等戏曲音乐中富有特色的重要乐器之一。梆笛因伴奏梆子戏曲而得名。笛音色高亢、明亮，主要流行在北方，多用于北方的吹歌会、评剧和梆子戏曲（秦腔、河北梆子、蒲剧等）的伴奏，现今也经常用来独奏。代表作品有《喜相逢》《五梆子》《早晨》《姑苏行》《中花六板》等。

图 6-40　笛子

《鹧鸪飞》是江南笛曲的主要代表曲目之一，原是湖南民间乐曲，乐谱最早见于
1926 年严固凡编写的《中国雅乐集》，现在常被演奏的是陆春龄先生和赵松庭先生
改编的版本。此曲以唐代大诗人李白诗"越王勾践破吴归，义士还家尽锦衣。宫女
如花满春殿，至今惟有鹧鸪飞"为依据改编，运用了大量的"颤""叠""赠""打"
"循环换气"等技法，把鹧鸪鸟那时远时近、忽高忽低，在天空尽情翱翔的形象，刻
画得极为生动，反映出了人们对幸福生活的向往和追求。

（7）古筝曲《渔舟唱晚》。

古筝是我国传统的民族乐器（见图 6-41），距今已有两千多年的历史，古筝音
色柔美、委婉动听，音域宽广、演奏技巧丰富，具有相当的表现力，因此深受广大
人民群众的喜爱。主要代表作品有《渔舟唱晚》《高山流水》《秦桑曲》《寒鸦戏水》
《战台风》《雪山春晓》等。《渔舟唱晚》乐曲的第一部分以优美典雅的旋律和舒缓的
速度，描绘出一幅夕阳西下，阳光洒在河面上波光粼粼的景象。第二部分以三次反
复逐层推进，表现了渔人悠然自得、片片白帆随波逐流、渔船满载而归的场景。

图 6-41　古筝

2. 中国声乐作品欣赏

（1）《黄河大合唱》。

《黄河大合唱》1939年作于延安，由现代著名诗人光未然（1913—2002）作词、被誉为"人民的音乐家"的作曲家冼星海（1905—1945）作曲。这是一部在中国音乐史上具有较高艺术成就、享誉中外的里程碑式的大型声乐套曲。

《黄河大合唱》共九个乐章，依次为《序曲》《黄河船夫曲》《黄河颂》《黄河之水天上来》《黄水谣》《河边对口曲》《黄河怨》《保卫黄河》《怒吼吧，黄河》。在内容上，它以黄河为背景，热情歌颂中华民族源远流长的光荣历史和中国人民坚强不屈的斗争精神，痛诉侵略者的残暴和人民遭受的深重灾难，展现了抗日战争的历史画面，并向全中国全世界发出了民族解放的战斗警号，从而塑造出中华民族巨人般的英雄形象。在形式上，它以诗朗诵贯穿全曲，采用了独唱、齐唱、轮唱、重唱、合唱等多种声乐演唱形式，或急促、或舒展、或慢板抒情、或叙事对唱、或含悲控诉、或波澜壮阔。在音调上，它既有中国民间音乐风格，也有群众歌曲特点，成为我国现代大型声乐作品的典范。

（2）《茉莉花》。

《茉莉花》由何仿（1928—2013）改编自民歌《鲜花调》，于1957年首次以单曲形式发行。1982年，《茉莉花》成为联合国教科文组织向全世界各国人民推荐的优秀歌曲之一。歌曲在对茉莉花的由衷赞美中，既委婉地表达了一位文雅贤淑的少女对恋爱自由的热切渴求，又透露了她在封建礼教禁锢下内心的纠结与矛盾。曲调婉转，旋律以级进为主，富有南方民歌清秀雅致的特点。普契尼创作歌剧《图兰朵》时，就用了这首既能代表东方韵味又风靡中国的《茉莉花》作为主题音乐，衬托中国人的爱情故事。

（3）《长江之歌》。

《长江之歌》是电视系列片《话说长江》的主题曲。词作者是国家一级编剧胡宏伟，曲作者是作曲家王世光。全曲以哺育了一代又一代中华儿女的"母亲河"长江为背景，形象地描绘了长江气势磅礴的雄姿和温婉秀丽的情怀，洋溢着对祖国山河的赞美之情。音乐深情厚实，简洁明朗，跌宕起伏的宏大场景令人荡气回肠，舒展流畅的优美旋律让人充满眷恋。在一唱三叹的演绎中，将长江之险峻、长江之柔美、长江之豪迈、长江之依恋展示得淋漓尽致。

3. 西洋器乐作品欣赏

器乐是用乐器发声来演奏的音乐。根据演奏方式的不同，器乐分为独奏、重奏、合奏、齐奏、合奏等形式。根据体裁形式来划分，器乐可分为序曲、组曲、奏鸣曲、协奏曲、交响曲、管弦乐曲等。

（1）协奏曲作品欣赏。

协奏曲是指一件或多件独奏乐器与管弦乐队相互竞奏，并显示其个性及技巧的一种大型器乐套曲。"协奏"一词源于拉丁文 concertare，原意为"竞争"或"斗争"，一说源于拉丁文 conserere，原意为"同心协力"。从这两个词的含义可以窥见协奏曲基本特征之一斑。维也纳古典乐派以前的协奏曲通常被称为大协奏曲，是以弦乐为主的乐队合奏与部分乐器的独奏相竞奏的多乐章套曲，至 18 世纪下半叶才逐渐出现现代意义的独奏协奏曲及二重（三重）协奏曲，协奏曲开始采用奏鸣套曲的形式。它通常有三个乐章：第一乐章为奏鸣曲式，快板；第二乐章多采用复三部曲式，抒情的慢板；第三乐章为回旋曲式，热烈的快板。

巴赫（1685—1750）出身于德国的一个音乐世家。他的祖辈、父辈都是宫廷乐长、教会乐长、管风琴师。他的作品数量之多、体裁之广举世罕见。他的音乐深刻地表达了经过三十年苦难战争，德国人民希望和平的思想感情，体现了他高尚的人道主义思想和对人类的爱。他继承了 16 世纪以来德国音乐传统，吸收了意大利和法国音乐的先进技法，把复调音乐提升到了前所未有的高度。他的创作代表了巴洛克时期音乐的最高艺术成就，主要作品有《平均律钢琴曲集》《创意曲集》《法国组曲》《英国组曲》《勃兰登堡协奏曲》和大量管风琴曲等。

巴赫曾为勃兰登堡侯爵写了六首器乐协奏曲。《F 大调第二勃兰登堡协奏曲》第一乐章是巴洛克时期精美的复调代表作品之一，这首作品主要为小号、长笛、双簧管和小提琴四件乐器而写，再加上其他的伴奏乐器。作品共分三个乐章，第一乐章为快板。整个作品运用了大量的叠句，在叠句各次重复出现之间有着织体清晰的插部，简短而生动的独奏、二重奏、三重奏，主题此起彼伏，又相互关联。

（2）交响曲作品欣赏。

"交响曲"一词源于希腊文，原意为"一齐响"。后来经过发展，指的是由交响乐队演奏的由若干个独立但又相互有内在联系的乐章组成的大型器乐曲。以交响乐的奠基人海顿、"音乐神童"莫扎特和"乐圣"贝多芬为代表的维也纳古典乐派在交响乐的发展史上树立了一座不朽的丰碑。交响乐曲一般分为四个乐章。第一乐章为快板，奏鸣曲式；第二乐章为慢板，具有抒情性和歌唱性；第三乐章为中速的小步舞曲或诙谐曲；第四乐章为急板，回旋曲式或奏鸣曲式。

《第九十四交响曲》，作者海顿（1732—1809）是奥地利作曲家，维也纳古典乐派代表人物。他童年受到奥地利民间音乐的熏陶，8 岁开始接受传统音乐教育。海顿的创作面很广，其中以交响曲与弦乐四重奏最为杰出。他为交响曲创造了一个固定而完美的典型形式，并形成了一套完美的交响曲乐队编制。他一生共写了一百多部交响曲，为交响曲的发展奠定了坚实基础。他还创作了八十余部弦乐四重奏乐曲。

《第九十四交响曲》创作于 1791 年。关于这部作品流传有一段有趣的故事。当时伦敦的贵妇们是音乐会的常客，她们借欣赏交响乐附庸风雅，但却经常在乐队演奏时打瞌睡。海顿对此非常不悦，于是打算让贵妇们出丑。他在这部交响曲的第二乐章中插入乐队全奏，爆发了强烈的和弦和定间鼓的猛击声，酷似惊雷忽起，将打盹的贵妇们吓得丑态百出。因此，这部作品后来也被大家称为《惊愕交响曲》。全曲共分四个乐章。第二乐章为行板，是人们最为熟悉的乐章，优美的旋律具有一种内在的美和魅力。

（3）独奏曲作品欣赏。

独奏曲是用各种乐器单独来演奏音乐作品。如弦乐器中有小提琴独奏曲、大提琴独奏曲等，铜管乐器中有小号独奏曲、圆号独奏曲等，木管乐器中有单簧管独奏曲等，键盘乐器中有钢琴独奏、手风琴独奏等。

知识链接

　　1710 年前后，意大利人克利斯托弗利（1655—1731）在佛罗伦萨制成了音乐史上最早的钢琴。钢琴一般分为三角钢琴（见图 6 - 42）和立式钢琴两类。钢琴共有 88 个琴键（包括黑键和白键）。钢琴的表现力极其丰富，被誉为"乐器之王"。

图 6 - 42　三角钢琴

《土耳其进行曲》（钢琴曲），作者莫扎特（1756—1791）是奥地利作曲家，维也纳古典乐派的杰出代表。他 3 岁就显露出音乐天赋，4 岁开始学钢琴，5 岁开始作曲，6 岁到欧洲各大城市演出，被誉为"音乐神童"。他的主要作品有歌剧 19 部、交响曲 47 部、钢琴协奏曲 27 部、小提琴演奏曲 5 部。著名代表作品有歌剧《费加罗的婚礼》《魔笛》《G 大调弦乐小夜曲》等。他奠定了近代协奏曲形式，丰富了交响乐和室内乐的表现力，对后世音乐创作产生了极大影响。

钢琴曲《土耳其进行曲》创作于 1778 年，是《A 大调钢琴奏鸣曲》的第三乐章。这个乐章风格突出，常作钢琴小品单独演奏，旋律轻快活泼，富有朝气，土耳其军鼓的节奏，更增强了进行曲的特点，具有威武雄壮的气势。

4. 管弦乐作品欣赏

管弦乐曲是除交响曲、协奏曲外的，由管弦乐队演奏的其他类型的作品。管弦乐队主要由弦乐组、铜管组、木管组、打击乐组等组成，在乐队指挥下共同完成对音乐作品的演绎。管弦乐队合奏座式如图6-43所示。长笛高音区音色明亮，最高音区更为明亮而尖锐，也更富于光彩，中音区音色柔和而优美，低音区音色略带沙哑，但很有特色，有些像中国箫的音色。双簧管高音区音色明亮，中音区音色甜美、柔和，低音区发音饱满但"鼻音重"，适于表现优美抒情的音乐，具有田园风味。黑管也称单簧管，高音区音色饱满、明亮，中音区发音柔弱，低音区是表情区，发音低沉饱满、紧张。大管也称巴松，高音区与最高音区发音极富个性，表现力丰富，中音区发音柔和略带管风琴特色，低音区发音饱满、浑厚。小号高音区发音嘹亮、穿透力强，中音区音色优美、有透明性，低音区音色较暗淡。圆号高音区音色洪亮，表现力丰富，中音区发音柔润、丰满，低音区音色较粗糙。短号与小号基本相同，音色比小号柔和，表现力不如小号。长号高音区音色辉煌有力，有凯旋般的气势，中音区音色饱满圆润，音色宏大，低音区强奏时有庄严感，弱奏时音色淡。大号高音区发音效果差，较少用，中音区发音饱满有力，低音区音色浓厚、低沉。定音鼓是定音高的打击乐器。大鼓是没有固定音高的打击乐器，发音宏大而且饱满。小鼓也是没有固定音高的打击乐器。小鼓在管弦乐队中既可以用来描写军队的行进与战斗场面等，又可以用来造成恐怖、紧张、阴森的效果。三角铁也是没有固定音高的打击乐器，音色独特又清脆明亮，穿透力很强，无论是强奏还是弱奏，都可以听到。

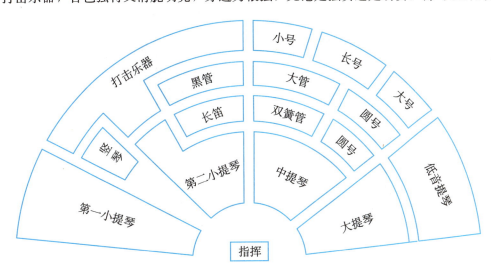

图6-43 管弦乐队合奏座式

管弦乐曲《动物狂欢节》，作者卡米尔·圣-桑（1835—1921），法国作曲家，他曾在巴黎音乐学院学管风琴和作曲，后担任教堂的管风琴手，1877年起专门从事音乐创作。他是法国民族音乐协会创始人之一，主要作品有管弦乐组曲《动物狂欢节》、歌剧《参孙与达丽拉》、交响诗《骷髅之舞》、小提琴曲《引子与回旋随想曲》等。

《动物狂欢节》创作于1886年，是卡米尔·圣-桑为两架钢琴和管弦乐队而写的管弦乐组曲。作曲家别出心裁地以拟人化的手法和性格化的旋律，描写各种动物的狂欢活动，形象诙谐有趣，生动活泼。这部作品的副题是《动物园大幻想曲》，它对各种动物所作的描摹实在逗人喜爱，把人们带入了一个神奇的动物世界。

5. 室内乐作品欣赏

弦乐四重奏由第一小提琴、第二小提琴、中提琴、大提琴（见图6-44）共同演奏。这四件乐器各演奏一个不同的声部，共同塑造艺术形象。它的特点是多样化的演奏技巧和丰富的表现力，最擅长于旋律的歌唱性，有宽广的音色、音区和音域对比，对个人演奏技巧要求极高。小提琴的第一弦发音华丽而富有光彩，第二弦与第三弦发音柔和典雅，第四弦发音深沉而富有厚度。中提琴音色较暗淡，带有"鼻音"，适于演奏柔和、忧郁、略带伤感的旋律。大提琴的第一弦音色明朗，并且具有宽广的特色，第二弦音色柔和，第三弦音色深沉饱满，第四弦音色深沉、粗野，类似男低音的音色。

图6-44　弦乐四重奏的乐器

弦乐四重奏《如歌的行板》，作者柴可夫斯基（1840—1893），俄国作曲家。他10岁开始学习钢琴和作曲，1862年进入彼得堡音乐学院学习作曲，毕业后到莫斯科音乐学院任教。他的作品注重内心刻画，尤其对知识分子在沙皇统治下不满现实、渴望自由，但找不到出路的苦闷心情表现得淋漓尽致。他在旋律、配器等方面的造诣极高，在各种体裁领域都有所建树，其音乐充满内心的感受和戏剧力量。他的主要作品有《第六（悲怆）交响曲》等交响曲 6 部，《叶甫盖尼·奥涅金》等歌剧十几部，《天鹅湖》等舞剧 3 部及各种器乐重奏曲、钢琴奏鸣曲等。

《如歌的行板》创作于 1871 年，是作曲家创作的 D 大调第一弦乐四重奏的第二乐章。它以俄罗斯民歌《孤寂的凡尼亚》为主题，经变奏手法的处理，在乐曲中一再出现情绪极其沉郁、伤感。在轻吟低回、如泣如诉的琴声中，将专制政治之下人民的悲惨生活与难言的苦楚表达得淋漓尽致。作家托尔斯泰听完演奏后说："从这首乐曲里，我已经接触到忍受苦难的人民的心灵深处。"

（二）西洋声乐作品欣赏

声乐是用人声歌唱为主的音乐。根据演唱方式的不同，西洋声乐作品一般分为独唱、齐唱、重唱、轮唱、合唱、对唱等形式。西洋声乐创作可划分为多种体裁，诸如叙事歌曲、颂歌、酒歌，在意大利出现的"那坡里歌曲"、讽刺歌曲、摇篮曲、艺术歌曲及单乐章或多乐章的声乐套曲，在美国还有乡村歌曲、摇滚歌曲等。

1. 民歌作品欣赏

民歌是人们在劳动生活中口头传唱而产生和发展起来的歌曲艺术，具有口头性、集体性、流传变异性等特色。民歌一般分为山歌、小调、号子三种形式。

（1）《我的太阳》。这是一首意大利民歌，卡普鲁在创作歌词时，借用了莎士比亚的戏剧作品《罗密欧与朱丽叶》中"是什么光从那边窗户透出来？那是东方，朱丽叶就是太阳"两句台词的立意，把爱人的笑容比喻为"我的太阳"，又用赞美太阳来表达真挚的爱情。全曲具有浓郁的意大利那不勒斯风格，旋律优美华丽，情绪热情奔放，第一乐段在歌曲的中音区，用优美流畅的音调赞美暴风雨后的晴空和灿烂的阳光，第二乐段在高音区，曲调热情奔放，倾诉了对心爱的人的爱慕之情。

（2）《伏尔加船夫曲》。这是一首俄罗斯民歌。伏尔加河是欧洲最长的一条河流，被称为俄罗斯人民的"母亲河"。听到这首沉重、粗壮而又富于反抗精神的纤夫之歌，易使人们想起俄罗斯著名画家列宾的名画《伏尔加河上的纤夫》。一群衣衫褴褛、胸前套着纤索的纤夫，用整个身体负着沉重的货船前行，伏尔加河空旷辽阔的沙滩上留下一串串脚印，前面的路程仿佛永没有尽头……这首歌真实反映了船工们痛苦的劳动生活，表达了俄罗斯人民在沙皇统治下向往光明的思想情感。缓慢的速度和小调式调性渲染了歌曲忧郁深沉的风格。20 世纪初，这首民歌经俄罗斯著名男低音歌唱家夏利亚平的演唱受到人们的热烈欢迎，后来流传到世界各地。

2. 合唱作品欣赏

合唱是一种分声部的集体演唱形式。合唱按音色可分为同声合唱（男声合唱、女声合唱、童声合唱）、混声合唱（男女声合唱、童声与男声或者童声与男女声合唱）。按伴奏类型可分为有伴奏合唱和无伴奏合唱。按声部可分为二声部、三声部、四声部或者更多声部，其中四声部往往由女高、女低、男高、男低构成，称为混声四部合唱。合唱最重要的特点就是队员之间，各声部之间，队员与指挥之间，歌曲与合唱表演、指挥、乐队等之间的默契与融合，他们共同创造出富有层次而又和谐统一的美妙艺术。

《欢乐颂》（合唱）是著名德国作曲家贝多芬创作的一部合唱作品。贝多芬（1770—1827）是维也纳古典乐派向浪漫乐派过渡的杰出代表。他幼年便显露出超常的音乐天赋，4 岁学钢琴，8 岁登台演奏，13 岁发表个人作品。贝多芬一生坎坷，贫困交加，孤单一生。虽然他从 28 岁起就受听觉失聪的折磨，但他以惊人的毅力创作了大量的不朽音乐作品。他的创作承古典乐派之精华、开浪漫乐派之先河，成为横跨两个时代的音乐巨人。其作品不仅涉及当时所有体裁，而且表现了崇高的思想境界、鲜明的个性和时代特征，具有完美的艺术形式、深刻的戏剧性和哲理性以及对人类的无限热爱之情。贝多芬的主要代表作品有《英雄》《命运》《田园》《第九交响曲》共 9 部交响曲，《月光》《热情》《悲怆》钢琴奏鸣曲 32 首，弦乐四重奏 16 部及一部歌剧及其他作品。

《欢乐颂》是贝多芬《d 小调第九（合唱）交响曲》第四乐章第二部分。这部交响曲于 1824 年 5 月在维也纳首次演出。全部创作思想是"从黑暗到光明，从痛苦到欢乐，从斗争到胜利"的总结。贝多芬根据交响曲内容的需要，融合了自己的意念，体现了他崇高而伟大的思想，并创造性地将合唱引入了交响曲。在交响曲中，有独唱、重唱、领唱、合唱、交响合唱部分，其中以德国诗人席勒的《欢乐颂》为歌词而谱写的大合唱，以恢宏的气势唱响"拥抱起来，亿万人民"的主题，展示了贝多芬真挚的思想与感情。这部交响曲之所以在世界上能产生这么大的影响，如此感人，与第四乐章《欢乐颂》合唱大有关系。

3. 艺术歌曲作品欣赏

艺术歌曲源于 18 世纪末 19 世纪初，是欧洲盛行的一种抒情歌曲。歌词多采用歌德、席勒等诗人的诗为歌词，我国在 20 世纪二三十年代开始盛行。艺术歌曲创作技法比较复杂，着重个人感情的抒发和内心体验的揭示，旋律优美动人，感情细腻，多为抒情性很强的独唱曲，采用美声唱法，多用钢琴伴奏，伴奏在渲染气氛和刻画形象方面起重要作用。

（1）《摇篮曲》。作者舒伯特（1797—1828），奥地利浪漫派作曲家，出生于维也纳。他幼年跟随父兄学习小提琴、钢琴，11 岁系统学习作曲理念。1814 年，舒伯特任小学教师并开始创作歌曲，两年多时间共创作了 140 多首歌曲，其中著名的有《野玫瑰》《魔王》等名作。舒伯特一生写了 14 部歌剧、9 部交响曲、100 多首合唱曲和 567 首歌曲。他的创作继承了古典派音乐的传统，同时广泛吸收民间音乐的因素，创作了大量浪漫派的音乐作品。他常用各种音乐手法来刻画个人的心理活动，将瞬间的遐想写于乐谱，把内心的感受变成音乐形象，创作出独特的旋律。舒伯特的代表作品有《b小调第八交响曲》《鳟鱼五重奏》《美丽的磨坊姑娘》。

《摇篮曲》是一首著名的女声独唱艺术歌曲，创作于1819年，由三段歌词构成，速度缓慢，旋律流畅，伴奏有如摇篮在轻摇，旋律没有强烈的对比，表现了一个轻轻摇动着摇篮的母亲对将入睡的小宝贝那种亲切的爱抚和良好的祝愿。

（2）《跳蚤之歌》。作者穆索尔斯基（1839—1881）是俄国民族乐派作曲家。他的音乐作品风格豪爽、形象生动，充满了对被压迫者的同情。其主要作品有歌剧《鲍里斯·戈都诺夫》、管弦乐曲《荒山之夜》、钢琴组曲《图画展览会》及大量声乐作品。

《跳蚤之歌》是一首创作于1879年的著名讽刺歌曲，成为各国男低音歌手竞相演唱的曲目。作曲家借用德国诗人歌德的诗剧《浮士德》中的诗句谱写了此歌。它深刻地揭露了俄国沙皇的黑暗统治和专横跋扈，无情地鞭笞了权势者的昏庸和狂妄，同时也热情地肯定了人民群众不畏强暴、勇于斗争的精神。歌曲具有深刻的思想内容和生动的音乐形象。它以旋律小调和中板速度以及谐谑性的"笨拙"的宣叙性曲调，塑造了固执蛮横而又愚蠢的国王形象。

第三节　舞蹈艺术

美的导航

舞蹈是以人的形体姿态和动作为主要表现手段，借以表现生命活力、生活激情，以及人们对生活的美好向往等情感的一种艺术形式。舞蹈欣赏可以使人体会到人生的精彩、生活的美好，激发人的生活热情，振奋人的精神，使人更加热爱生活，更好地生活。

相信大家对《飞天》这个舞蹈都有印象，在2008年的央视春节联欢晚会上，舞蹈《飞天》给观众带来了一场视觉盛宴：七名仙女打扮的舞蹈演员站在升降舞台上，用肢体配合音乐演绎了敦煌壁画中的飞天形象，非常唯美、神秘，展现了中国古典舞的魅力。

美的探索

一、舞蹈艺术的美

舞蹈是以经过提炼加工的人体动作为主要表现手段，运用舞蹈语言、节奏、表情和构图等多种基本要素，塑造出具有直观性和动态性的舞蹈形象，表达人们的思想感情的一种艺术形式。

舞者伴随着音乐翩翩起舞，时而热情高涨，时而优美抒情，时而舒展有力，时而挥洒自如，动如脱兔，静若处子，让人感觉优雅、震撼、跳脱，好像与舞者心灵相通了一样。舞蹈艺术的美是多方面的，主要表现在它的动态性、抒情性、表演性和形象性上。

舞蹈艺术的美首先表现在动态性上。所谓动态性，是指舞蹈以人体的躯干和四肢为主要工具，并通过各种动作姿态和造型形象地反映客观事物和人物的精神世界、塑造舞蹈形象。图 6-45 表现了舞者充满力量感的舞蹈动作。

其次是强烈的抒情性。《毛诗序》中写道："情动于中而形于言，言之不足，故嗟叹之；嗟叹之不足，故永歌之；永歌之不足，不知手之舞之足之蹈之也。"即将舞蹈视为"达情"的最高层次。舞蹈的一切形式因素，诸如节奏的快慢、动作的大小、力度的强弱、构图的繁简等，都是随着情感的变化而改变的。

最后是表演性和形象性。舞蹈属于一种表演艺术，它的舞台实现有赖于合格的解释者，即舞蹈表演家。只有通过他们的表演，舞蹈才能作为艺术作品而存在，才能显示其审美意义和审美价值。因此，表演性是舞蹈的基础。舞蹈的形象性完全依靠舞蹈演员的形体动作（即肢体语言）来体现，具有直观性、动态性和表情性等特点，如芭蕾舞中白天鹅的舞蹈形象（见图 6-46）。

图 6-45　充满力量感的舞蹈动作

图 6-46　白天鹅的舞蹈形象

二、舞蹈艺术的分类

按照风格的不同，舞蹈可以分为民间舞、古典舞、芭蕾舞和现代舞等。

(一) 民间舞

民间舞（见图6-47）是指在人民群众中广泛流传，具有鲜明的民族风格和地域特色的传统舞蹈形式。民间舞的类型十分多样，劳动、爱情、婚姻以及各种民俗都可以成为民间舞的创作素材。由于各民族、各地区人民群众的生活、风俗、习惯以及其所处自然环境的不同，各民族、各地区的民间舞也千姿百态，具有不同的审美特征。

图 6-47　民间舞

(二) 古典舞

古典舞（见图6-48）是指传统的、具有民族特色和典范意义的舞蹈。它是在民间舞的基础上，经过历代艺术家的提炼、加工和创造而逐渐形成的。古典舞不仅具有完整的规范性动作和严谨的表演程式，同时也保留和继承了民间舞的传统风格。古典舞标志着一个民族的舞蹈文化在历史上曾达到的高度。

(三) 芭蕾舞

芭蕾舞起源于文艺复兴时期的意大利，形成于17世纪的法国宫廷。从表演形式上来看，芭蕾舞主要有古典芭蕾、现代芭蕾等类型。古典芭蕾有一套严格的程序和规范，尤其重视脚尖鞋的运用和脚尖舞的表演技巧，舞姿端庄、典雅；现代芭蕾强调表现一种思想或激情，淡化了程序化、规范化的要求，动作开放、多变，擅长表达强烈的情感和情绪的波动。

图 6 - 48　古典舞

(四) 现代舞

现代舞是现代派舞蹈的简称。它是 20 世纪初由美国舞蹈家邓肯首创的。邓肯极力反对当时芭蕾舞因循守旧的形式及脱离现实生活的内容，强调舞蹈艺术要着重表现人的内心世界，主张以自然的表演动作自由地表现情感和生活。后来，经过许多舞蹈艺术家的实践和开拓，现代舞逐渐形成了许多不同风格的流派，在世界各国广泛流传。

三、舞蹈艺术的构成要素

一部好的舞蹈艺术作品包括很多要素，诸如题材、动作、人物、情节、音乐、环境、表情、节奏、构图等。其中，动作、节奏和构图是舞蹈艺术的三大语言。

(一) 动作

抒情性是舞蹈艺术的灵魂。舞蹈艺术没有台词，主要依靠演员的动作、姿态来表现人物的思想感情，如舞蹈中快速的奔跑与跳跃一般表现欢乐与舒畅，缓慢的移动、挥手通常表现忧郁、哀伤，轻柔的动作多表现真挚细腻的感情，激烈的动作一般表现愤怒、激动。

(二) 节奏

节奏是舞蹈动作的组织基础，没有节奏便没有舞蹈艺术。舞蹈的节奏一般表现为舞蹈动作力度的强弱和速度的快慢。相同的动作由于节奏的变化，可以表现出不同的情绪和情感。

（三）构图

构图是指舞蹈演员在舞台空间上的运动线和画面造型。它是构成舞蹈艺术作品形式美和艺术风格的重要因素。构图对表现主题、创造意境、渲染气氛和塑造形象都具有重要的意义。舞蹈空间的运动线有斜线（对角线）、竖线（纵线）、横线（平行线）、圆线（弧线）、曲折线（迂回线）等。舞蹈艺术常见构图形式及特点如表6-3所示。

表6-3　舞蹈艺术常见构图形式及特点

运动线及画面造型		特点
运动线	斜线	表现推进、延续和纵深感，多用于表现奔放性，用来抒发人物的豪情，表现人物乐观开朗的性格
	竖线	具有强劲的动势，容易使观众产生一种直逼而来的紧迫感和压力感，擅长表现那些正面行进的舞蹈
	横线	一般用来表现平静、稳定自如
	圆线	给人以柔和、流畅和连绵不断的感觉
	曲折线	给人以活泼、灵动的感觉
画面造型	方形	给人以稳定感
	三角形	给人以力量感
	圆弧形	给人以柔和、流畅感
	梯形和菱形	给人以开阔感

四、舞蹈艺术的欣赏方法

舞蹈是展示生命活力、展现人体魅力和表现生活激情的造型艺术，舞蹈之美首先表现为生命之美、运动之美、健康之美，其次表现为造型美和动作美，再次才是技艺美。因此，舞蹈欣赏首先是感受生命活力，体验生活热情，然后是欣赏舞蹈技艺和把握舞蹈主题。

（一）感受生命活力，体会生活热情

世界上宝贵的东西很多，生命为最，生命之美又以健康为最。人健康的标志，一是富有活力，二是快乐，三是热爱生活。舞蹈艺术通过对生命活力的展示，使人们感受到生命的美好和人生的快乐，借以激发人们的生活热情。因此，欣赏舞蹈艺术，首先是感受生命活力。怎样感受呢？主要是通过舞蹈动作来感受。在各种舞蹈中，演员的跳跃、旋转和屈伸等动作都能够显示出活力。与此同时，各种动作的轻盈、欢快、有力等，都能使人感受到健康与活力。

（二）欣赏舞蹈造型

形体美是人体语言最本真的一面，也是舞蹈艺术最能打动人心的地方之一。面对身材匀称、曲线优美或肌肉强健的演员，谁能不喜欢呢？这是一种自然本能。舞蹈创作者正是利用了人们这一自然的审美心态，精心设计出各种优美的人体造型，把人体的自然美充分地展示给观众，诱发其喜爱之情，振奋其精神。因此，欣赏舞蹈很重要的一个着眼点就是舞蹈造型。

对舞蹈造型的欣赏，实际上是对人体美的欣赏。它可以使人真切地感受到生命之美、青春之美等，激发人的生活热情，唤起人对美好生活的向往和追求。

🔊 知 识 链 接

雀之灵

《雀之灵》首演于 1986 年，是杨丽萍自编自演的一个舞蹈作品，该作品获得第二届全国舞蹈比赛编导一等奖和表演一等奖、"中华民族 20 世纪舞蹈经典评比"经典作品奖等。

《雀之灵》以傣族民间舞蹈"孔雀舞"为基础素材，抓住傣族舞蹈内在的动律和审美，依据情感和舞蹈形象的需求，大胆创新，在动作上注入现代元素，吸收了现代舞充分发挥肢体能动性的优点，不仅把孔雀的形象惟妙惟肖地展示在观众的面前，还创造了一个精灵般高洁的生命意象。

从动作上看，舞者修长柔韧的臂膀姿态和灵活变幻的手指造型，创造了孔雀引颈昂首的直观形象，蕴含着勃发向上的精神；舞者通过手臂各关节魔术般有层次的节节律动，将孔雀机敏、灵活、精巧的神韵尽情显露。这个舞蹈作品无论是在创作上还是在表演上，都达到了极高的艺术境界。

（三）鉴赏动作技巧

舞蹈技艺的欣赏主要是舞蹈动作的欣赏。舞蹈是一门艺术，它主要是通过对生活动作的典型化来反映生活，表达一定的主题思想。典型化的一个重要方法是各种动作技巧的运用。在舞蹈表演中，演员时不时地做出诸如跳、翻、转等技术性很强的高难度动作，以更好地表现生命的活力与激情，增加新奇性和观赏性。有了这些高难度的动作在其中烘托气氛、渲染情绪和画龙点睛，观众的情绪很容易被感染，想象力很快被激活，继而获得强烈的美感体验。因此，对舞蹈动作技巧进行鉴赏是舞蹈欣赏的一个重要切入点。

（四）把握舞蹈主题

舞蹈借助于人体造型激发人的想象和联想，使观众通过想象与联想将舞蹈艺术造型与现实生活联系起来，从而把握舞蹈所抒发的感情和表达的思想。这其中最关键的一点是理解和把握舞蹈造型的象征与暗示意义。

那么，怎样才能正确理解和把握舞蹈造型的象征与暗示意义呢？首先要从一系列连贯的舞蹈动作中捕捉到那些表现舞蹈主题的造型。舞蹈造型常常表现为一系列连贯动作中相对静止的瞬间停顿，或者说短暂的"亮相"。因此，舞蹈欣赏要善于从一系列连贯的动作中捕捉到那些用来表现舞蹈主题的相对静止的瞬间，即舞蹈造型。其次是联系生活，弄清楚舞蹈造型的基本构成。因为舞蹈造型有的是人们生活姿态的典型化，有的是事物美好形态的模仿，两者的表意方式互有差异，所以，只有弄清了舞蹈造型的基本构成，才能透彻理解其表达的意思。最后是根据舞蹈造型的基本构成分析其象征与暗示意义。我国傣族民间舞中最负盛名的孔雀舞，表演者模仿孔雀的姿态——因为孔雀被喻为"百鸟之王"，是吉祥、善良、美丽、华贵的象征，所以这一舞蹈造型象征着美丽与吉祥。

第四节　戏剧艺术

美的导航

戏剧艺术这个人类文化创造的宝贵成果，是人们生活中不可缺少的一部分。在剧场里流泪，在剧场里欢笑，在剧场里沉思……那是精神的陶冶、美的享受。戏剧艺术扩大、优化了人们的生活空间，丰富、诗化了人们的生活内容。在物质生活不断改善的同时，戏剧艺术使人们在精神上得到愉悦、慰藉、鼓舞、充实和提高。

美的探索

一、戏剧艺术的概念

戏剧是以文学剧本为基础，以演员表演为中心，借助音乐、舞蹈、美术等艺术手段来塑造人物形象，揭示社会矛盾，反映社会生活的一门综合艺术。一部好的戏剧，通常结构严谨、情节生动、表演精湛，让人沉醉、流连忘返、回味无穷。戏剧的美，表现在综合性、戏剧性、剧场性、表演性和文学性等多个方面，这里主要介绍综合性和戏剧性。

戏剧艺术的首要审美特征是综合性，它将时间艺术与空间艺术、视觉艺术与听觉艺术、造型艺术与表演艺术综合在一起，从而集时与空、视与听、动与静、再现与表现于一身，具有巨大的综合表现能力。

戏剧艺术的另一个审美特征是戏剧性。戏剧性是指戏剧艺术通过演员扮演的角色之间的冲突来展开剧情、刻画人物，借以吸引观众，实现其艺术效果和审美作用的特性。古今中外优秀的戏剧作品，无不具有强烈的戏剧性。例如，剧作家曹禺的代表作《雷雨》，围绕周、鲁两家的错综复杂的关系，突出、生动地反映了两个不同阶层的家庭之间的尖锐矛盾。

二、戏剧艺术的分类

戏剧的种类很多。根据艺术形式和表现手法的不同，戏剧可分为话剧、歌剧、哑剧、舞剧和戏曲等。根据题材所反映的时空的不同，戏剧可分为历史剧、现代剧和神话剧。根据剧情的繁简和结构的不同，戏剧可分为多幕剧和独幕剧。根据矛盾冲突的性质和结局的不同，戏剧可分为喜剧、悲剧和悲喜剧。喜剧用夸张手法讽刺和嘲笑丑恶、落后的现象，突出这种现象本身的矛盾和它与正常现象的冲突，往往引人发笑，结局大多是圆满的；悲剧以表现主人公与现实之间不可调和的冲突及悲惨结局为基本特点；悲喜剧，也称正剧，兼有悲剧和喜剧的因素，多表现严肃的冲突，剧中矛盾复杂，便于多方面反映社会生活，一般具有圆满的结局。

📢 知 识 链 接

戏 曲

戏曲是中国传统的戏剧形式，是包含文学、音乐、舞蹈、美术、武术、杂技及表演等各种元素的综合艺术。

它起源于原始歌舞，到宋、金时期才形成比较完整的样式。戏曲剧本一般兼用韵文和散文，分"折"或"出"（现代戏曲则多分"幕"或"场"）。剧中人物由生、旦、净、丑等角色扮演。不同角色有不同的程式动作，表演富于舞蹈性，技术要求很高。音乐体式有唱曲牌的"联曲体"、唱7字或10字的"板腔体"等。

据统计，全国的戏曲约有360个种类，比较著名的有京剧、越剧、黄梅戏、评剧、豫剧等。新中国成立后，戏曲工作者对传统戏曲进行了大量改编和艺术革新工作，编演了新历史剧和现代戏。

三、戏剧的构成要素

（一）剧本

剧本是戏剧最重要的构成要素，是舞台演出的依据和基础，直接决定着戏剧的思想性和艺术性。剧本质量对戏剧演出的效果具有决定性意义。

（二）表演形象

演员的表演在戏剧中居于本体地位。演员通过扮演角色，运用动作、演唱等方式来塑造舞台形象，表演戏剧情节，展示人物性格，生动地反映社会生活。演员的表演是演员审美感受的"外化"。演员需要通过体会导演的意图，分析和理解角色的性格，并借助于表演技巧，实现对剧本角色的再创造，塑造出生动感人、富有个性的舞台形象。

> **知识链接**
>
> **演员的基本表演方式——动作**
>
> 戏剧中的动作包括形体动作、言语动作、静止动作及其他主观表现方式。
>
> 形体动作，即人物的形体活动，是人物特定心理的外在表现。形体动作的戏剧价值和艺术感染力取决于它蕴含的心理内容的深刻性和丰富性。
>
> 言语动作，包括对白、独白、旁白等。对白作为人物心理活动的外在表现，应蕴含丰富的潜台词；作为人物沟通的方式，应对对方有一定的影响力和冲击力。独白是剧中人物独处时直接对观众倾诉内心隐秘或披露内心矛盾的一种方式。旁白是剧中人物背着台上其他人物对观众说的话，主要功能也在于揭示人物内心的隐秘。
>
> 静止动作，即剧中沉默、停顿等状况。此时人物沉默不语、静止不动，内心却翻腾着思想、感情的波涛，此时无声胜有声。

（三）物质形象

物质形象指舞台布置、灯光、服装、道具、音响效果等。物质形象要服从表演形象，并与之有机地结合为一个和谐的整体，为完整而生动的舞台形象服务。

> **知识链接**
>
> **戏剧小品**
>
> 戏剧小品（简称"小品"）是戏剧的一种，是20世纪80年代初在我国兴起的一种新的戏剧艺术形式。它往往截取生活中的一个片段、一个瞬间、一个场景、一个笑话，甚至是一个动作，从而以小见大，反映深刻的社会内容。

1984 年中央电视台春节联欢晚会上，陈佩斯和朱时茂表演了小品《吃面条》，深受观众喜爱。此后我国戏剧小品迎来繁荣时期，《吃鸡》《卖羊肉串》《考演员》《超生游击队》《相亲》《芙蓉树下》等许多优秀的小品被创作了出来。《擦皮鞋》《如此包装》《过河》《火炬手》《扶不扶》《一个女婿半个儿》等戏剧小品已成为时代特征的标签。

第五节　电影艺术

美的导航

《卧虎藏龙》是中国电影走向世界历程中一部具有里程碑意义的影片，是一部让西方国家的观众大开眼界的影片。除了沉醉于中国武术之神奇外，中国儒道思想的哲学观念、中国山水建筑的意境之美、中国人对侠义的含蓄表达、中国人对情感的压抑克制，都让西方国家的观众耳目一新。这部影片集结了国际级的创作团队，成功地演绎了一段充满玄机、情感、矛盾的悲剧。该影片获得了第 73 届奥斯卡金像奖十项提名、四项大奖，因此掀起了新一轮武侠电影的热潮。《卧虎藏龙》融合了东方的力学之美和西方的表演张力，是一部举重若轻的电影，也是具有高度艺术价值和精神层次的作品，更是一部让人深思又兼具娱乐效果的电影。

美的探索

一、电影艺术的概念

电影是融合文学、戏剧、绘画、音乐、舞蹈、摄影等多种艺术手段并吸收现代科技成果而形成的一门现代综合艺术。与戏剧相比，它的综合性更强。它不仅是艺术与艺术融合的产物，也是艺术与科技的结晶。

自诞生至今的 100 多年里，电影经历了从无声片到有声片，从黑白片到彩色片，从普通银幕到宽银幕、环形银幕的发展过程，如今还出现了立体全息电影、味觉电影、动感电影等新的电影表现形式。科学技术大大丰富了电影的制作技术及表现手段，成为推动电影艺术发展的因素。

二、电影艺术的分类

电影主要有艺术片、纪录片、科教片等。人们通常所说的电影艺术，主要是指艺术片。艺术片包括故事片、戏曲片、童话片、音乐片、美术片、动画片等。艺术片又以故事片为主。故事片以题材来划分，主要有政治片、战争片、社会片、伦理片、历史片、侦探片、武打片、惊险片、科幻片等。

三、电影艺术的构成要素

（一）电影镜头

电影语言的基本组成单位是镜头画面。电影要把所要反映的内容分为或大或小、或长或短的画面"段落"，通过拍摄形成一个个镜头（即分镜头），然后把一个个镜头画面衔接起来并连续展现，这便形成了电影作品。以动态的镜头画面来反映和表现生活是电影艺术的根本特点。

根据拍摄距离的不同，电影镜头可以分为远景镜头、全景镜头、中景镜头、近景镜头和特写镜头，各类电影镜头的作用如表 6-4 所示。

表 6-4　各类电影镜头的作用

名称	作用
远景镜头	主要用来展现背景、自然景色，或辽阔深远，或浩渺苍茫，能起到描绘环境和渲染气氛的作用
全景镜头	主要用来表现人物和环境的整体，可以借景抒情、寓情于景
中景镜头	不仅能够显示人物大半身的形体动作，还可以用来表现人物的表情
近景镜头	主要用来展示人物的容貌、神态、衣着、仪表等，揭示人物较细微的情感活动
特写镜头	主要用来突出或强调人物或事件的重要细节，是揭示人物内心世界或事件意义的特殊手段

知 识 链 接

特写镜头的作用和美学价值

在各种景别的镜头中，特写镜头有其特殊的作用和美学价值。特写镜头可以细致地表现人物的面部表情，突出物体的局部或事物的细节。特写镜头用在刻画人物上，可以有力地表现人物的外形、行为、表情的细节，表现人物神态的细微变化（如嘴角的一丝微笑、抖动的眼睫毛、抽搐的肌肉、紧闭的嘴唇等），将人物的某一种感情加以渲染，使观众了解人物内心的变化，进入人物的内心世界。

（二）蒙太奇

电影中的一个个镜头需要根据表现内容的要求联结起来，才能构成一部完整的影片。镜头的组接技巧，被称为"蒙太奇"。

蒙太奇是法语"montage"的音译，原是建筑学的术语，意思是"装配""构成"，后来被借用到电影领域。电影蒙太奇可以把分散的、不同的镜头有机地组接起来，营造出呼应、对比、暗示、联想、象征的效果。蒙太奇不仅可以把画面与画面组接起来，还可以把画面与音响、音响与音响组接起来。蒙太奇手法的运用，不仅可以加强电影的叙述性，构成和展示合乎逻辑的画面，创造出完整的艺术情节，而且能够有力地表现艺术家的思想感情和审美趣味，使艺术家的主观意愿通过酷似生活原貌的视觉直观画面传达出来。这种主客观的融合，使电影艺术获得了强烈的艺术感染力。

（三）长镜头理论

第二次世界大战后，一些电影理论家认为蒙太奇具有割裂时空的局限性，不能提供给观众原始状态的真实，而且主观意识太浓，使影片成为编导主观意愿的图解，于是提出了长镜头理论。所谓长镜头，就是把镜头拍得长一些，以表现真实的时间和空间。长镜头理论主张以等同于实际时间和空间的镜头来拍摄对象的全过程。长镜头常用来交代环境，表现完整的空间，渲染营造特定的情绪或氛围。长镜头的运用，能在整体上真实客观地保持生活的原生形态，也能契合观众的欣赏心理。但长镜头过分强调纪实性，使电影失去了表现的空间，也有其局限性。所以，当代电影大都采用蒙太奇和长镜头相结合的方法。

（四）特技摄影

特技摄影就是采用特殊的设备、技术拍摄场景。特技摄影独具魅力，在电影中的运用相当广泛。它可以拍出许多在现实生活中极少见，或本来就不存在的影像，如人在天空中飞翔、在海面上飘行等幻想的情景；可以拍出虽然在现实生活中存在，但无法根据电影拍摄的需要随时再现的现象，如自然灾害、车祸、战争中的爆炸等。使用特技摄影还常常是出于对安全或成本的考虑，有些场景如按正常情况实拍，对演员或工作人员来说十分危险，或者费用太高，经济上难以承受。

特技摄影常用的方法有模型摄影、绘画摄影、计算机制作、背景放映，还有倒拍、改变拍摄频率等。特技摄影充分运用合成技术，把不同时空、不同性质、不同比例的事物融合在一起，成为一个统一的画面，从而创造出本来很难实现的富有艺术魅力的情景。

艺术实践活动

1. 登录中国美术馆网站（http://www.namoc.org），在其"馆藏作品"栏目中欣赏绘画精品，并选择自己最喜欢的一幅作品分享给同学，介绍时说一说所选的作品美在哪里。

2. 你听说过"莫扎特效应"吗？请查阅相关资料来了解这一理论，并说一说你所熟知的音乐作品中哪些具有莫扎特效应。

3. 芭蕾舞剧是以舞蹈为主要表现手段，将舞蹈、音乐、戏剧、美术等融合在一起，来刻画人物性格、表现故事情节和传达情感氛围的一种舞剧。具有代表性的大型古典芭蕾舞剧有《吉赛尔》《天鹅湖》《睡美人》等。同学们可以从网上查找视频，选择其中一部进行观看，有条件的话可以去剧院现场观看芭蕾舞表演，感受芭蕾舞的优雅和魅力。

4. 班级人员分成若干组，每组5～8人，合作制作完成一部微电影。要求每个人至少承担一项工作，微电影时长不超过5分钟，用照相机、手机拍摄均可，参与班级或学院的微电影大赛，争取获最佳影片奖，或在编剧、导演、摄影、表演、配乐、剪辑等方面获得单项奖。

第七章

美育之科技美

　　科技美是指科技创造过程和科技创造结果能够带给人精神快感的各种美的元素。当一种科学创造与发明获得成功，或是一个设计十分巧妙和完美，人的内心就会产生成就感；如果一件产品的制作工艺精细，产品细节完美，不仅制作者会有成功的喜悦，而且使用者也会获得满足感；如果一件产品能够降低人的劳动强度，使人在使用时感到轻松，人的内心就会有愉快感……不论是成就感、满足感，还是愉快和喜悦，都是人的美感体验。这就是说，不论是科技创造过程，还是科技创造结果，其中都有美的元素。

学习目标

1. 了解科学技术对人类发展的影响。
2. 掌握科学美和技术美的联系与区别。
3. 懂得鉴赏科技美，提高对科学技术的热爱，启发创造性思维。
4. 提高学生审美能力和艺术创作能力，加强艺术领域的修养。

美的导航

　　东汉时期的张衡是我国著名的天文学家、发明家、地理学家，他在继承和发展前人成果的基础上，于公元117年造出了成就空前的铜铸浑天仪。浑天仪从外到内分为几层均可运转的圆圈，各层圆圈分别刻着南北极、黄赤道、二十四节气、二十八星宿、星辰、日月、五纬（即金星、木星、水星、火星和土星）等天象。浑天仪上附着两个用于计时的漏壶，壶底有孔，漏壶滴水带动浑天仪的齿轮系统，进而推动圆圈按计时刻度慢慢转动，一天转动一周，与天体运动同步，这样就可以准确地反映天象变化了。可惜这座精巧的浑天仪毁于西晋末年的战乱。

　　我国现存最早的浑天仪制造于明朝，现陈列于南京紫金山天文台，如图7-1所示。此仪结构稳固，铸造精美，能够向人们呈现天体运行的秩序美，是重要的科技文物，也是珍贵的工艺杰作。

图7-1　南京紫金山天文台的浑天仪

美的探索

科学美源于自然，又高于自然。它不是大自然外在的景观美，而是潜藏在景观美之后的内在理论美。景观美可以被感官直接感知，而科学美不能被直接感知。它需要人们对隐藏在自然界的内在理论进行长期的观察、研究后才能被感知。由此可知，科学美是指科学技术或成果带给人们的知识内容、结构形式、方法原理等方面的理性美，以及科学探索过程中的精神美。感受科学美，需要具备较高的科学素养和丰富的想象力，只有这样才能体会科学的精确美、抽象美、逻辑美、统一美和简洁美。

一、科学美的主要表现

科学美蕴含在科学研究之中，既体现在科学研究成果中，又体现在科学创造过程中。具体表现为以下几点。

（一）科学事实的新奇

世界充满奥秘，它吸引着那些向往它的人们去揭开神秘的面纱。每当人们叩开其中一道门、一扇窗，便有一片新奇的图景呈现在他们的面前。这番图景会让那些努力探索它的人感到无比激动、无比惊奇。

天文学家开普勒指出，每一行星沿各自的椭圆轨道环绕太阳，而太阳则处在椭圆的一个焦点上。物理学家杨振宁说："行星的轨道都是椭圆的，这是非常美的现象。当第一次发现这些轨道是完美的椭圆时，人们感到极大的喜悦。"

在生命科学领域人们发现，数以亿计的生命信息，原来都储存在生物细胞内的脱氧核糖核酸（DNA）中，而 DNA 的双螺旋结构则是由 4 种包含不同类型碱基的脱氧核糖核苷酸构成的。4 种核苷酸竟支撑起地球上绚丽多彩的生命世界，这怎能不让人感到惊奇呢？

知识链接

向日葵

向日葵是一种美丽的植物，在蓝天之下它们大大的黄色花盘非常醒目。你有没有停下脚步，仔细观察这种特殊花朵中央的葵花籽的排列图案呢？

葵花籽的排列图案（见图 7-2）符合斐波那契数列（也就是 1，2，3，5，8，13，21，34，55，89，144……，这个数列中，每个数字是前两个数字的总和）。在向日葵上面，这个数列以螺旋状从花盘中心开始体现出来，有两条曲线向相反方向延展，从中心开始一直延伸到花瓣，每颗葵花籽都和这两条曲线形成特定的角度，放在一起就形成了螺旋形。

图7-2　葵花籽的排列图案

为了使花盘中的葵花籽数量达到最多，大自然为向日葵选择了最佳的黄金数字。花盘中央的螺旋角度恰好是137.5°，十分精确，是黄金角度。两组螺旋（每个方向各有一个）清晰可见。葵花籽数量恰恰也符合了黄金分割定律。

小小的向日葵中其实蕴含着深奥的知识，人们在仔细研究后才会发现，这些数学知识在向日葵花盘上体现出来后显得非常迷人。

（二）科学对象的和谐

当科学家通过创造性的科研活动，揭开了世界的奥秘，呈现在他们面前的自然图景不但是新奇的，而且是和谐的，充满艺术美感。

宇宙是一个有序的世界，人们在多年的观察中逐渐发现，宇宙的运转有其独特的规律。哥白尼通过观测提出："宇宙里有一种奇妙的对称，轨道的大小与运动，都有一定的谐和关系（见图7-3）。"开普勒也发现，尽管宇宙里星球之间的距离不等，但都按照一定的比例排列着，它们运转和谐，似乎发出高低不同的音调，奏出悦耳的乐曲。

图7-3　银河系示意图

在微观世界亦是如此。物质由原子构成，原子由原子核（质子和中子）和核外电子构成。原子内部就像一个微型太阳系：原子核好比太阳，电子好比行星，它们按能量高低由里而外依次排布，并绕核高速运动。一切都显得那样顺理成章，让人感到一种秩序美、统一美。其他如精巧奇妙的晶体结构、受激发的电子图案等，都能让人感受到世界内部的美丽与和谐。

（三）科学定律的简明

一团乱麻似的客观事实或现象是不美的，科学不会满足于对世界混沌表象的描述、对各种经验现象的罗列。事实分解或约化得越简单、越清晰，人们越能从总体上把握世界的规律，因此，那些能使人从无序中看到有序的简明的科学定律、科学公式便显现出鲜明的美感。

牛顿的万有引力定律 $F=\dfrac{Gm_1m_2}{r^2}$ 让引力 F、物质质量 m、物体间距离 r 三者的关系一目了然。其他如爱因斯坦的质能关系式、普朗克的能量和频率的关系式、玻尔的电子壳层定律等，都是用极简明的公式表达了极为复杂的自然规律。

（四）科学理论的缜密

在科学事实和科学定律的基础上，产生了科学理论。科学理论具有系统性和结构性，它总是与一定的逻辑推演及形式结构相联系，从而构成一个缜密的逻辑体系。一种科学理论如果能以尽可能少的基本假设，运用明晰而严密的逻辑工具推演出具有普遍深远含义的结论，得出简单、对称的方程和公式，做出精彩的科学预见，这种理论就会被科学家们称为美的典范。

古希腊数学家欧几里得的平面几何学堪称科学理论体系美的典范。整个理论从10条公设和10条公理出发，演绎缜密而引人入胜，科学家们称它为"雄伟的结构""巍峨的阶梯"，少年时代的爱因斯坦和罗素都曾将它作为神奇的艺术品来欣赏。

奥地利物理学家玻尔兹曼把英国物理学家麦克斯韦关于气体动力学的论文当作神奇壮美的交响乐来欣赏。波兰物理学家英费尔德认为爱因斯坦的理论"在优美、深邃和逻辑的合理性方面远远地超过了其他人"。

（五）科学实验的精妙

科学实验也会使人感受到一种精妙的美，它包括实验指导思想的创造性、实验装置设计的新颖性，以及实验技术与操作过程中的艺术性诸因素。美的科学实验从设计到实施都让人感到严谨、准确、简洁、有序，富有艺术的韵律感。从美感效应来说，科学实验的巧妙和巨大成功，带给实验者的审美愉快不亚于完成了一件艺术杰作。

杰出的实验科学家常常被称为实验艺术家。爱因斯坦曾惊叹迈克尔逊-莫雷实验"所使用的方法的精湛"和"实验本身的优美"。

德国物理学家维恩称赞俄国物理学家列别捷夫测量光压的实验是"极其美妙的"，甚至认为他实验技巧之高是别人难以企及的。

二、科学美的审美意义

科学不仅推动了人类社会的进步，而且还以其特殊的美的意蕴，对人们的思想、情感产生了重要的影响。

（一）激励功能

科学美要通过对客观世界内在奥秘的揭示和精确的理论体系的建构来体现。作为审美对象，科学研究展示了人们在日常生活中无法领略到的奇异的美，吸引着更多的人为了深入把握世界的规律而投身到科学研究的事业中去。法国数学家彭加勒说："科学家研究自然，并非因为这样做有用处。他之所以研究它，是因为他从中能得到乐趣。他之所以能得到乐趣，那是因为它美。"

（二）启迪功能

科学美具有启发人的智慧和思维的作用。科学研究的目的在于揭示客观世界的规律，并建立起反映客观规律的理论体系。科学美所反映的客观世界的和谐与秩序，能使人获得一种深层的领悟。科学理论演绎严谨、缜密，表述精确、完备，能让人在一种深邃的美的感染下，触发思维的火花，提升智慧水平，从而帮助人们在新的探究活动中做得更全面、更深入、更精确。

（三）愉悦功能

科学美作为一种美的形态，同样能起到愉悦人的精神和心灵的作用，但其愉悦功能又有着特殊性。科学美所显现的固然是大自然的和谐之美，但它不是外在的、表层的、纯感官即可享受的美，而是内在的、深奥的、凭理智方可领会的美。正因如此，科学知识缺乏的人一般很难欣赏科学美，而科技工作者，尤其是杰出的科学家却能领悟到科学美的存在和魅力。因此，只有热爱自然，努力学习，掌握相关科学知识，具备一定科学修养的人，才有可能感受和领悟到科学美。

三、科学美感的培养

（一）要理解科学的基本概念和原理

科学美是抽象的，诉诸理性的。接触它，感知它，需要高度的理解力和想象力。从这个意义上说，科学美是人的创造力和理解力的产物。因此，只有理解科学的基本概念和原理，把握事物间的内在联系，才能感受到科学美。

（二）要有强烈的科学好奇心

阿西莫夫说："科学始于好奇。"科学好奇心，通常表现为探索人们所注意到的尚无令人满意的解释的事物或相互关系。所谓解释，就是寻求无明显联系的自然现象背后隐含的原理。这种强烈的愿望升华为科学好奇心，激励人们进行科学探索。

（三）注重培养科学审美意识

审美意识是人在长期审美实践活动中潜移默化形成的。我们在学习科学知识的过程中也要采取一种审美态度，不断积累对科学理论欣赏的审美经验，逐渐养成审美习惯。久而久之，这种审美习惯就可以发展成为审美意识，形成对于科学理论的美学敏感。

> **知识链接**
>
> 尽管植物姿态万千，但其花、叶和枝的分布都是十分对称、均衡和协调的。碧桃、蜡梅，它们的花都以五瓣数组成对称的辐射图案；向日葵花盘上果实排列、菠萝果实的分块以及冬小麦不断长出的分蘖，则是以对称螺旋的形式在空间展开。许许多多的花几乎也是完美无缺地表现出对称的形式。还有树木，有的呈塔状，有的为优美的圆锥形……植物形态的空间结构，既包含着生物美，也包含着数学美。
>
> 著名的数学家笛卡尔曾研究过花瓣和叶形的曲线，发现了现代数学中有名的"笛卡尔曲线"。辐射对称的花及螺旋排列的果，它们在数学上符合黄金分割的规律。小麦的分蘖，是围绕着圆柱形的茎按黄金分割的规律排列和展开的。三叶草和常春藤的叶片形状，也可以用三角函数方程来表示。
>
> 叶子的排列是建立在能充分获得光合作用面积和采集更多阳光这一基础上的。车前草有着轮生排列的叶片，叶片与叶片之间的夹角为 $137°30'$，这是圆的黄金分割的比例。梨树也是如此，它的叶片排列是沿对数螺旋上升的，保证了叶与叶之间不会重合，下面的叶片正好处在从上面叶片间漏下阳光的空隙地方，这是采光面积最大的排列方式。
>
> 高等植物的茎也有最佳的形态。许多草本植物的茎，它们的机械组织的厚度接近于茎直径的 $1/7$，这种圆柱形结构很符合工程上以耗费最少的材料而获得最大坚固性的一种形式。一些四棱形的茎，机械组织多分布于四角，这样也提高了茎的支撑能力，支持了较大的叶面积。
>
> 当然，整株植物的空间配备也必须符合数学、力学原则，才适合在自然界中生存和发展。像一些大树，都有倾斜而近似垂直的分枝、圆柱形的茎和多分枝的根，这样有利于生长更多的叶片，从而占据更大的空间，更好地进行光合作用。
>
> 透过繁茂的枝叶，我们看到了绿色世界里的数学奇观。若了解这其中的奥秘，并进行仿生，则会给人类带来无穷的益处。

第二节　技术之美

📖 美的导航

战国时期的曾侯乙编钟（见图7-4）是我国目前考古所见规模最大、保存最好、音律最全的一套编钟。

图7-4　曾侯乙编钟

这套编钟用分范合铸的工艺制作而成，即在主体泥范中嵌入器物的局部或附件，合铸后，编钟浑然一体，丝毫看不出拼嵌的痕迹。此外，编钟还采用了铜焊、铸镶、错金（即用金银丝在器物表面镶嵌成花纹或文字）等工艺技术，以及圆雕、浮雕、阴刻（即将图案或文字刻成凹形）、髹漆（即以漆涂抹）、彩绘等装饰技法，使得编钟具有古朴厚重、奢侈典雅的美感。

曾侯乙编钟制作精良、外观精美，显示了我国古代高超的青铜铸造技术，展现了精妙绝伦的工艺美和技术美。

📚 美的探索

技术美是生产技术领域里存在的美。它是人们在物质生产和产品设计、制造过程中，运用艺术手段对客体进行加工所形成的审美形态。技术美现在已经渗透到社会生活的方方面面，发挥着越来越重要的作用。

一、技术美学的产生和发展

科学是人类对于自然和社会发展的内在规律和结构的探索与认识，而技术则是人类已有科学知识在生产劳动和社会生活中的直接应用。具体来说，技术是人类在利用和改造自然的过程中使用的方法、手段、技能和技巧。简单地说，科学解决理论问题，技术解决实际问题。

（一）技术美学的产生

在手工业生产时期，一个陶罐、一把折扇、一件绣袍、一把明式的太师椅，都凝聚着工匠的智慧、才能和独特的审美趣味，体现着产品的功能美和艺术美。这些手工业产品所展示的美，属于传统的技艺美（见图7-5）。

图 7-5　传统的技艺美

18世纪后期的工业革命推动了社会生产力的发展。但是，大机器批量生产出来的产品外观单调呆板，甚至简陋粗糙。在很长一段时期，产品的造型没有审美价值可言。到了 19 世纪中叶，很多专家关注到工业革命带来的艺术与技术脱节的问题。英国人威廉·莫里斯提倡以传统的手工业风格制造新的机械产品，主张将设计与审美结合起来，发起了工艺美术运动。他创办了装饰设计公司，试图通过艺术改变英国的社会趣味，向英国公众提供美观而又实用的产品。威廉·莫里斯设计的印花图案如图 7-6 所示。

图 7-6　威廉·莫里斯设计的印花图案

19 世纪 80 年代至 20 世纪初，欧洲开展了以法国为中心的新艺术运动。一些优秀的设计师推崇艺术与技术紧密结合，对建筑、家具、室内装潢、日用品、服装等进行全面设计，力求创造一种新的时代风格。德国则形成了以设计师、工程师、建筑师、艺术家为成员的包豪斯学派，提出以大工业生产方式为基础，把技术与美结合起来，致力于产品的艺术化，这便是现代意义上的技术美。

（二）技术美学的发展

20 世纪 30 年代，席卷欧美的世界性经济危机使竞争空前激烈，刺激了技术与美的进一步结合，这为工业产品找到了新的出路。在这样的背景下，技术美学发展成为一门独立的新型学科。

第二次世界大战以后，技术美学更加受到人们的重视。1944 年，英国率先成立第一个技术美学组织。1946 年，这个组织第一次举办了展示技术美学成果的展览会。1956 年英国又成立了迪扎因美学研究中心，它开展了很多推广优秀工业产品的活动。1957 年，国际技术美学协会在瑞士成立。这个组织每两年召开一次国际学术会议，探讨技术美学问题。它对于推动世界范围内的技术美学的交流和发展起到了十分重要的作用。在美国，许多企业家也认识到工业艺术设计的作用，逐渐把工业产品设计、现代材料、现代工艺和人们的审美观结合起来，创造了大量既实用又美观时尚的产品。

如今，技术美学在全世界受到了普遍的重视，技术美学已经渗透到物质生产的各个领域。人们不断地将科研成果转化为技术，运用"美"的规律去制造产品，运用"美"的尺度去衡量产品的价值。技术美学在社会生活中发挥着越来越重要的作用。

知识链接

科技点亮"趣"与"美"

近年来，各地沉浸式文旅项目不断涌现，给人们带来全新的游览体验。其中，使用新型数字展陈技术的沉浸式展览，把知识的传递与获取，变成了可观、可感、可参与、可互动的沉浸式体验。

在新技术的加持下，科学文化知识与新潮视听形式相结合，观展愈加新鲜有趣，也进一步推动了文旅深度融合。

随着互联网、大数据、虚拟现实等新技术在文旅领域的加速应用，沉浸式文旅项目在各地不断涌现，沉浸式展览受到广泛关注。

58种古今动植物、50台投影设施营造震撼沉浸感，1 000余个动画效果通过互动触发……走进位于北京世园公园植物馆内的"亿年进化——植物历险记"探索体验展厅，一个由远古植物、动物及水生动植物组成的奇幻光影世界扑面而来，观众仿佛置身于白垩纪时期，沉浸在好玩、好看又长知识的"植物历险记"中。1 000平方米的沉浸式空间，呈现了重大考古发现——辽宁热河生物群。通过互动式、情境化的参与，将白垩纪前后中国北方的丰富植被和生态环境以数字化形式展现在观众面前。

展览首次亮相就吸引了不少小朋友。孩子们置身其中，用手碰一碰、用脚踩一踩、用智能道具贴一贴，就能变身为探险队员穿越到白垩纪，与喜欢的恐龙和远古植物"零距离"接触。"沉浸式、交互化"成为这个展览的鲜明标签——地面、墙面感应雷达系统能针对观众的动作，实时给予视觉和声效反馈，可让观众充分与场景内各处角色和物体对象互动，从而获得独特的参展体验。

体验展的整个历程可游、可触、可观、可听，而且整体的故事场景呈现出独特的艺术美感，通过趣与美的体验来激发好奇、引导探索、学习知识，让化石和植物科普知识活起来，实现了技术创新与文化创意的深度融合，受到观众的普遍青睐。

二、技术美的特点

技术美在本质上是善的内容与真的形式的统一。"善的内容"是指物质产品的设计和生产能满足人们生产和生活的需要，既实用又经济。"真的形式"是指其设计和生产遵循科学技术知识和艺术原则，既美观又人性化。从外在上看，技术美表现为物质产品的实用、耐用、经济、精巧、新颖、美观、高品质，有文化韵味；从本质上看，技术美指物质产品所折射出的人的智慧、意志、力量、情感与创造力。

总体来说，技术美具有以下几个特点。

（一）功能与形式的统一

物质产品总是以使用需求的满足为目的，只有在使用需求得到满足的前提下，技术美才能进入我们的视野。产品的功能（实用要求）与形式（审美要求）的和谐统一，是技术美最为本质的特性。

（二）普遍性

技术美是机器大生产的产物，通过批量生产的产品体现出来，而批量生产的产品要赢得市场，必须尊重和满足消费者的心理、生理需求和精神追求，体现消费者的期望和情感。1964 年在比利时召开的国际工业产品设计师会议指出，工业艺术设计要使工业制品成为既反映消费者观点又反映设计制造者观点的内在统一的整体。这就意味着设计师必须作为消费者的代表出现。只有这样，技术美才会有最大的适应性和最大的普及性，才会成为一种具有普遍性的美。

（三）变易发展性

人们的审美趣味具有变易性与稳定性两个方面。变易是绝对的，稳定是相对的。相比较而言，人们对自然风景、艺术作品的审美趣味的变易性不是很大，但是对物质产品的审美趣味却有较大的变易性。喜新厌旧在技术美欣赏中最为普遍，这主要是因为技术产品的功能及特性受到科学技术发展水平的制约。科学技术发展越快，产品的更新换代就越快，于是人们对技术美的审美趣味就不断地追逐着科学技术的发展。因此，技术美总是当代的，而不可能是历史的。可见，技术美总是不断向前发展，并在发展中不断完善。设计师必须密切把握科学技术的发展趋势以及人们生活方式和审美趣味的变化，不断推出更加人性化的设计，满足人们的生活需要和审美需求。

需要指出的是，随着社会生活的发展，人们越来越注重和强调个性化需求或个人特有的生活风格。在这样的背景下，拒绝批量生产，追求个性化，已成为人们对技术的内在要求，这也造就了技术美的多元性。

三、技术美的表现形式

技术美既体现在以工业生产为核心的动态过程中，又体现在静态的成果（即技术产品）上，并逐步扩展到人类的整个生存环境。

（一）工业生产美

技术美与生产劳动密切相关，属于社会美的范畴，但工业生产中的技术美又不完全等同于劳动过程的美。工业生产的技术美，不仅要体现劳动过程中的各种美的因素，还要求人们更准确无误地驾驭自然规律去从事创造性的劳动，通过特定的设备、工艺及操作方式，改变特定材料的性能和形状，最终制作出既有实用价值又有审美价值的产品。这种创造性的劳动，体现在工业生产的各个环节中。从设计、生产到出品，人们都会感受到技术创造的乐趣，并为人类自身具有的智慧、才能而感到自豪。

从宏观上看，工业生产美体现为生产规模宏大壮阔，生产设备和技术先进，生产流程严谨、高效，由人、物、色、声、光有机组合而形成的工业意境具有震撼力。人们通过现场感知，能够了解不为常人所知的产品诞生的过程及奥秘，从而领略现代科学技术的魅力和人类创造力的伟大。

> **知识链接**
>
> **感受工业之美**
>
> 工业旅游是由于人们对旅游资源理解的拓展而产生的一种旅游新概念和产品新形式。工业旅游在发达国家由来已久。特别是一些大企业，利用自己的品牌效应吸引游客，同时也使自己的产品家喻户晓，如法国的葡萄酒之旅、德国的汽车之旅。对于游客来说，他们不仅是在参观工厂，更是在体验和感知工业文化和生产方式。在我国，越来越多的现代化企业开始注重工业旅游。近年来，我国著名的工业企业如青岛海尔、广东美的等相继向游人开放。

从微观上看，工业生产美集中表现为工艺美和劳动者的技术表现美。操作方法先进，操作程序科学、合理，工艺流程高效、安全、环保，劳动者技术动作规范、标准，技法娴熟、高效，都具有审美价值。钻研专业技能，开展技术创新和管理创新，是创造工艺美和技术表现美的源泉。

（二）技术产品美

技术产品是根据人的需要，有意识、有计划地生产出来的，它体现着人类认识自然、改造自然的智慧和力量。技术产品既要具有实用价值，又要具有审美价值，做到真的内容、善的目的和美的形式相统一。只有满足人们的物质需求和精神需求的产品，才称得上是体现技术美的产品。技术产品美主要包括下列要素。

1. 功能是技术产品美的核心要素

工业技术产品首先必须具有实用价值，满足人们生活的需求。古希腊哲学家苏格拉底说："任何一件东西，如果它能很好地实现了它在功用方面的目的，它就同时是善的，又是美的。"产品功能齐全、完善，使用操作方便、安全、舒适，是衡量技术产品美的重要标准。如果一台电冰箱的制冷效果不好，耗电又多，那么无论它的外观如何美观，都不能使人对它产生好感。所以说，功能在技术产品美中居于核心位置。

2. 材料是构成技术产品美的物质要素

材料是产品的物质基础，它决定了产品的内部构造和外观形式，并且使产品具有不同的风格和特点。准确把握和合理利用材料的物质属性，能够使产品的功能更加完备，结构更加合理，造型、光感、质感、手感等外观因素更加吸引人。比如，最早的录音机把人造革贴在木制的外壳上，样子很笨重。后来随着塑料的出现，注塑技术使录音机的外壳变得绚丽多彩。随着铝合金的开发和应用，录音机的外壳又显得更加简洁、明快和富有现代气息。现代工业生产中使用了合金、合成树脂、合成纤维、玻璃钢、稀土等新材料（见图7-7和图7-8），为工业艺术设计提供了有利的条件。

图7-7　合金材料摆件

图7-8 合成纤维雕塑

3. 形式是构成产品技术美的审美要素

　　形式包括产品的结构、造型和外饰。现代产品的设计，要求将工程师和艺术家的素质糅合在一起，既要将艺术家的审美用于技术设计，又要运用工程师的数学语言和技术经验，进行定量的计算和科学的测定，使产品的内部结构尽量简洁和趋于合理，使造型符合使用目的和消费者的需要。产品的外饰（如图形、色彩、肌理、精密度、平整度、粗糙度和手感等）与产品的功能没有直接的关系，但却影响其审美价值的实现。例如一本练习本，其封面呈褐黄色，没有图案，虽然并不影响使用者做作业，但单调乏味，无美感可言。相较之下，人们更喜欢封面印有图案、色彩悦目、版面新颖的练习本。产品的外观，从造型到外饰，从整体到细节，是否符合人们的审美趣味，能否引起人们的注意和喜爱，已成为影响产品市场竞争成败的重要因素。

4. 环境也是构成产品技术美的要素之一

　　人类的生产、生活总是在一定的环境中进行的，任何产品也都是在一定的环境条件下使用的。工业技术产品要与环境协调一致，适应环境的需要。比如，游乐场中大型的游乐设施、工厂的大型机器等，与周围的自然景观和谐一致，就显得更加美观。室内产品的设计、制造和使用，同样要考虑和室内环境的协调统一，这样才能显现出产品的技术美来。

（三）生存环境美

　　这里所说的环境，与构成产品技术美的环境的含义不同，是指人们的生存环境，包括劳动环境、生活环境以及城市景观等。在当代社会，越来越多的人对于自己的生活环境和生活方式有一种自觉的审美追求。在日常生活审美化的背景下，在人本主义思潮的影响下，审美设计从工业产品领域扩展到人类的整个生存环境，渗透到工业、建筑、交通、农业以及管理和服务的各个领域。在当今社会，技术美普遍存在于建筑、室内设计、服装、园林、广告、商标、城市环境之中，成为一种随处可见的美。图7-9为现代地铁站所展示的技术美。

图7-9　现代地铁站

知识链接

用上新科技，秦岭"绿富美"

　　近年来，秦岭生态环境持续改善，秦岭陕西段生态环境质量状况评价为"优良"等级面积达99.3%，主要河流优良水体占比超过九成，承担南水北调中线工程70%水量的汉江、丹江水质始终保持在Ⅱ类及以上，实现了"一泓清水永续北上"。

　　成绩的背后，离不开现代化科技手段为秦岭生态环境保护赋能。

　　科学保护"秦岭四宝"、无人机巡查治理"五乱"、智慧农业提质增效……一项项高新技术的推广、应用，让秦岭更绿、更美，生活在这里的百姓迈向共同富裕。

基因解密　科学爱"四宝"

　　2023年12月19日，在西北农林科技大学的实验室内，秦岭珍稀野生动物遗传评价与保护利用创新团队的成员们正与陕西省林科院的技术人员一起开展羚牛激素检测数据分析和圈养羚牛亲缘关系鉴定工作。

　　该团队有11名成员，主要围绕秦岭珍稀野生动物的遗传评价与保护、繁育管理、动态监测以及相关功能基因的鉴定与利用等关键技术开展研究工作。

　　该团队的研究还为秦岭大熊猫保护提供技术支撑：通过对粪便样本中DNA提取技术的优化以及微卫星位点的筛选，建立了适用于秦岭大熊猫亲子鉴定和个体识别的技术体系；基于宏基因组测序技术，探讨乳汁喂养的大熊猫与巴山木竹喂养的大熊猫肠道菌群结构、功能差异；多组学研究解析大熊猫消化代谢机制。

　　此外，该团队完善了朱鹮区域谱系，进行种群结构统计学分析，为朱鹮圈养种群的遗传管理提供基础数据，并优化了羽毛样品DNA提取技术进行朱鹮性别鉴定；利用单细胞转录组测序技术完成了成年秦岭川金丝猴的消化代谢机制研究；通过建立快速鉴定羚牛组织的技术方法，为打击羚牛盗猎行为提供了有效的技术支撑。

数字秦岭　"智慧"管山

　　2023年12月16日，秦岭脚下的蓝田县秦岭保护总站，指挥中心的大屏幕上画面不断切换，360°鹰眼、85个监控点位、104个画面全部正常运行，工作人员正通过大屏幕实时监控蓝田县沿山11个峪口峪道的情况。

　　蓝田县秦岭保护区域总面积1 666.8平方千米，约占全县总面积的83.06％，涉及17个镇（街道）216个行政村。"数字秦岭"智慧管控平台以高清的卫星遥感影像和高程模型为基础，通过二维、三维相结合的方式展示真实的秦岭地形地貌，为秦岭生态环境保护提供了一个更为宏观、全面的底图。同时，该平台可以实现无人机空中巡查、画面实时传递、与一线网格员视频连线、网格化实时监控的有机融合。在人流量较大的峪道加装球形机，实时监控峪道内水域及沿岸道路情况，及时有效地发现并处置"五乱"现象，实现秦岭生态保护常态化监管。西安市秦岭生态环境保护管理局研发了秦岭智慧化监管无人机管理系统，不断推进秦岭保护监管从可视化、静态化到自动化、智能化的转变。

科技赋农　增产增收

　　2023年12月15日，位于安康市平利县蒋家坪村的女娲凤凰茶业现代示范园里绿意满满、秩序井然。这得益于园区使用的智能虫情测报灯、气象环境监测系统等智慧农业技术设备，可以实时监测园区温度、湿度、虫情信息，快速准确预测监控区茶树生长情况。

　　智能虫情测报灯能够实时监测昆虫情况，并通过GPRS上传数据给管理员。一旦有害昆虫出现，它会立即发出警报，提醒工作人员采取必要的防控措施，确保农作物得到保护。

　　蒋家坪村位于山上。2022年之前，夏天高温干旱天气使蒋家坪村周边部分河流断流、水源地及水库蓄水量大幅下降，导致面积1 200亩的凤凰茶山茶园无法得到灌溉。

　　2022 年 3 月，水肥一体化喷灌系统建成使用，茶园生产条件明显改善。该喷灌系统从河流下游取水，在上游建立提水站，将凤凰茶山分成 17 个区域，只需一部手机就可通过智能云系统指挥茶园里 700 个伸缩喷头分批次、按地块进行自动化水肥喷灌。

　　如今，凤凰茶山已成为带动蒋家坪村群众增收的"核心动力"，辐射带动农户种茶 800 亩，直接吸纳就业 348 人，每年生产销售茶叶 15 吨、产值 400 多万元。2022 年，蒋家坪村农民人均纯收入 13 450 元，集体经济收入达 30 万元。

　　资料来源：李欣泽. 用上新科技 秦岭"绿富美"[EB/OL]. （2024－01－09）[2024－09－03].https://baijiabao.baidu.com/s?id=1787572222229291586&wfr=spider&for=pc，有改编。

四、技术美的审美意义

（一）升华生活情感

　　当代社会，技术美无处不在。由于技术的存在，我们的城市才变得美丽多彩，工作环境才变得富有情趣，室内才变得温馨舒适，日用器物才变得赏心悦目。所有这一切，都使我们的生存环境更加人性化，使我们的生活既充实，又美好。可以说，技术美在现实的层面上为我们创造了一个美好的世界。它不但给我们带来了物质上的满足，而且使我们的精神感到愉悦。欣赏技术美，能激发我们热爱生活的情感。

（二）激发创造热情

　　技术美给人们带来的精神愉悦，并不仅仅局限于其在物质层面上带来的愉悦，技术美还能让人看到自身在改造世界的实践活动中所显示出来的智慧和技巧，并引发一种自豪感、成就感。这种自豪感、成就感反过来又激发人们的创造热情。比如，工业生产过程所展示的自动化、高效率的美，常常启发人们去探讨如何把科学技术应用于生产的各个环节，提高劳动效率，减轻劳动强度；技术能手们的"绝活"所展示的神奇的魅力，能激励人们勤学苦练，掌握高超的技艺；不断涌现的品质卓越的工业产品，也时刻提醒设计者和生产者不断完善自己的产品，推陈出新，保持产品的生命力。

（三）提高审美能力

　　有人认为只有在艺术作品和自然风景中才能发现美，而对现实生活中的许多美的事物和现象却视而不见。经常接触工业技术产品，可以帮助人们发现：生活中处处有美，我们在吃饭、劳动、休息中都能感受到它的存在；美不是虚幻的东西，而是实实在在的；技术美呈现在一切工业技术产品中，呈现在各种生活实用品中。久而久之，人们的审美感官就会变得更敏锐、更细腻，人们的审美能力和审美水平就会相应得到提高。

艺术实践活动

1. 在生产和服务领域，技术美往往表现为态度的一丝不苟、动作的精细娴熟、过程的自然简洁。请以某个专业实训项目为例，从工序、操作方法、设备等方面，说说做出哪些改进后可以更充分地展示技术美。

2. 收集资料，以"科学技术将改变我们未来的生活"为题，组织一个展览会。

3. 参观一座规模较大的博物馆，留意一下人类生产工具与生活用品的演变过程，思考科学与技术给人类带来了什么。

4. 外观设计是发明创造的一种。所谓外观设计，是指对产品的形状、图案所做出的富有美感并适于工业应用的新设计。请就你所学专业领域里的某种产品的外观，提出新的设计方案。达到一定水平的，可在老师的帮助下申请外观设计专利。

参考文献

[1] 张瞻，梁亮亮．中职美育［M］．重庆：西南师范大学出版社，2020．

[2] 雷武逵．感悟中华优秀传统文化［M］．北京：北京师范大学出版社，2020．

[3] 何语华．美育：美即生活［M］．4版．北京：中国劳动社会保障出版社，2021．

[4] 曾娅玲，罗逸．艺术：基础模块［M］．北京：航空工业出版社，2020．

[5] 高等教育出版社教材发展研究所．艺术：美术鉴赏与实践［M］．北京：高等教育出版社，2021．

[6] 汪宝德．美育［M］．3版．北京：人民卫生出版社，2017．

[7] 柴焰，刘佳，张钰．电影鉴赏［M］．北京：高等教育出版社，2020．

[8] 彭吉象．艺术鉴赏导论［M］．北京：北京大学出版社，2018．

[9] 《中国绘画史图鉴》编委会．中国绘画史图鉴［M］．缩印本．杭州：浙江人民美术出版社，2014．

[10] 傅琳．音乐鉴赏［M］．杭州：浙江大学出版社，2019．

[11] 韩天寿．影视歌曲鉴赏［M］．上海：上海音乐出版社，2018．

[12] 刘晨，徐改．中外美术鉴赏［M］．2版．北京：清华大学出版社，2016．

[13] 丁宁．美术鉴赏［M］．上海：上海人民美术出版社，2020．

[14] 刘晓静．音乐鉴赏［M］．修订版．上海：上海教育出版社，2019．

[15] 尤根地，张寿奎，王永成．中华优秀传统文化［M］．北京：中国人民大学出版社，2019．

图书在版编目（CIP）数据

美育 / 朱旦标等主编. -- 北京：中国人民大学出
版社，2024.8. --（中等职业教育精品教材）. -- ISBN
978-7-300-33099-0

Ⅰ. G40 - 014

中国国家版本馆 CIP 数据核字第 2024GT1282 号

中等职业教育精品教材
美　育
主　编　朱旦标　李忠跃　范晓春　陈海锋
副主编　吕兴昌　王洪良　周兰兰　何家辉　李　平　范秀慧　刘　伟　李秀芳
Meiyu

出版发行	中国人民大学出版社			
社　　址	北京中关村大街 31 号		**邮政编码**	100080
电　　话	010 - 62511242（总编室）		010 - 62511770（质管部）	
	010 - 82501766（邮购部）		010 - 62514148（门市部）	
	010 - 62515195（发行公司）		010 - 62515275（盗版举报）	
网　　址	http://www.crup.com.cn			
经　　销	新华书店			
印　　刷	北京密兴印刷有限公司			
开　　本	787 mm×1092 mm　1/16		**版　　次**	2024 年 8 月第 1 版
印　　张	11.5		**印　　次**	2025 年 2 月第 2 次印刷
字　　数	228 000		**定　　价**	36.80 元